別冊宝島 ❖ ヤクザと芸能界

目次

CONTENTS

はじめに……………2

第1章 暗闘

12
吉本興業が芸人処分を即断した歴史的理由
「紳助」引退に躊躇なし！
吉本興業「大崎洋」会長〝ヤクザ追放〟の暗闘録
常田 裕 フリーライター

24
吉本興業&メディア関係者 匿名座談会
闇営業問題が、〝加藤の乱〟そして吉本興業のお家騒動に拡大した全舞台裏！

36
芸能人を「呼ぶ側」のメリットとは？
〝お家騒動〟でうやむやに
現役「暴力団」「半グレ」が語る闇営業のリアル
鈴木智彦 フリーライター

46
「半グレ」とは何者か？
「芸人を呼べば〝秒〟で来る」
芸能人たちを籠絡する「半グレ」の人脈とカネ
上野友行 フリーライター

56
芸人匿名座談会
岡本社長の会見を見て、「吉本への忠誠心」が崩壊した若手芸人は多いと思います

第2章 侵食

66
版権トラブルで「銃弾」騒動も
巨額マネーをめぐる攻防
音楽業界の中枢に巣食う「反社」の実態
大山 糺 ジャーナリスト

74
AV業界〝最大のタブー〟
AV業界を完全支配した
「関東連合」OBによる〝恐怖支配〟の全内幕！
谷山二郎 元AVメーカー勤務

90
詐欺グループの次は「情報商材」
ターゲットは「人気芸人」
新たな〝ヤバいカネ〟がお笑い業界を侵食か
大山 糺 ジャーナリスト

100
暴力団員になった元選手も
「野球賭博」の深い闇
プロ野球と反社の危険すぎる〝距離感〟
鵜飼克郎 ジャーナリスト

第3章 蜜月

112
月刊誌で稲川会総裁と〝頂上対談〟！
「たけし」が週刊誌に語った大物組長との関係と「紳助は〝芸〟がない」の真意
李策 ジャーナリスト

126
詐欺容疑で逮捕された闇社会の有名人
〝芸能界最大のタニマチ〟西麻布の「闇紳士」と〝迎賓館〟に群がった芸能人
大山糺 ジャーナリスト

136
スジを通したのは故・安岡力也だけ
芸能人たちが頼った「住吉会」の大物と「Vシネ俳優」秘話
鈴木智彦 フリーライター

148
[redacted]
「小遣い100万円」に群がった芸能人たち
芸能界〝最強のパトロン〟後藤元組長と芸能人たちの「親密動画」実況中継！
大山 糺
ジャーナリスト
[redacted]

158
[redacted]
高倉健をスーパースターにした男
「東映ヤクザ映画」の舞台裏　俳優と暴力団を結んだ異端の「映画プロデューサー」
伊藤博敏
ジャーナリスト
[redacted]

第4章 共生

174
[redacted]
あらゆる格闘界に影響力……〝武闘派組長〟の伝説
極真空手「大山倍達」が一目置いた〝殺しの柳川〟格闘技人脈の実相
竹中明洋
ジャーナリスト
[redacted]

186
[redacted]
世界戦12連勝「名チャンプ」の転落
山口組幹部とともに逮捕「元世界王者」渡辺二郎　リングでの〝不完全燃焼〟
織田淳太郎
ノンフィクションライター
[redacted]

❖ブックデザイン——HOLON
❖本文DTP——inkarocks／ユニオンワークス／Latte Design／長久雅行
❖カバー・本文写真——眞弓準／共同通信イメージズ／アフロ／Fujifotos/アフロ／毎日新聞社／産経新聞社／時事

第1章 暗闘

▼吉本興業が芸人処分を即断した歴史的理由

「紳助」引退に躊躇なし！吉本興業「大﨑洋」会長〝ヤクザ追放〟の暗闘録

「闇営業」問題が引き金となった吉本興業のお家騒動で経営陣が批判の的となっている。しかし、現トップ・大﨑洋会長は反社と結託した創業家との暗闘を制し、〝ヤクザ追放〟を遂行した当事者。芸人たちの反社問題は、大﨑会長にとって「絶対タブー」なのである。

文＝常田 裕｜フリーライター

芸能とヤクザは昔からごく近い場所にあった。地方で興行を打つ場合、興行主はその土地の親分に挨拶し、売り上げの中からショバ代を渡すことがしきたりとされていた。ヤクザは上納金を受け取るかわりにチケットを捌《さば》き、用心棒やトラブルシュートの役割を果たし、必要があれば小遣いを渡して酒や女で芸人たちの面倒も見た。

かつて興行は紛れもなくヤクザのシノギだった。そして、吉本興業はその黎明期から、すぐ隣にいたヤクザと共に仕事をしてきたのだ。

吉本興業の創業は1912（明治45）年。当時の庶民の娯楽となっていたのは浪曲や落語を中心とした寄席で、吉本興業も一軒の寄席小屋の経営からスタートしている。創業者の吉本泰三は、大阪で荒物商を営んでいたが、もともと大変な演芸好きで、その趣味が高じて妻・せいとともにこの世界に参入したという。

泰三とせいの吉本興業は、落語家や浪曲師、漫才師を集めて興行を打ちながら、経営不振になった寄席などを次々と買収して勢力を広げてゆき、わずか10年ほどで上方の演芸界のトップに立っている。

このほぼ同時期にヤクザの世界で急成長していたのが山口組だ。山口組は大正初期に神戸の港湾労働者をまとめ上げることで生まれている。彼らの娯楽のために寄席を開くことにした山口組が依頼先として選んだのが、関西の興行界でもっとも勢いのあった吉本興業だ。

吉本興業とヤクザの原点

こうして始まった両者の関係は、山口組二代目組長・山口登の代になって、用心棒などで密接なものになっていく。登は1932（昭和7）年に襲撃されて命を落としているのだが、その原因をつくったのも吉本興業だ。

関西圏を制覇した吉本興業が本格的な全国展開を画策。すでに東京や横浜など全国36館に直営館を持っていたが、関西ほどの成功はできずにいた。そこでテコ入れのために、東京の演芸界で一世を風靡《ふうび》していた人気浪曲師・広沢虎造に目をつける。

せいは虎造に出演を承諾させるため、まるで朝ドラのような奮闘を見せ、直営館への出演やいくつかの条件つきながら映画出演に関して吉本との専属契約を結ばせることに成功する。この契約に協力していたのが山口登で、吉本からの依頼を受けた登は、虎造のマネジメントをしていた浅草の興行師・浪花家金蔵を通じて話をつけたのだ。

ところが奔放で破天荒な芸人だった虎造は、映画制作も手掛けていた九州の興行師・籠寅組の親分との酒席で、酔った勢いで映画出演を承諾するというトラブルを起こしてしまう。怒った吉本側は登に〝交渉〟を依頼し、最終的に虎造の映画出演は白紙に戻された。

しかし両組の関係は一触即発となり、一旦は警視総監が仲介に入って手打ちとなるも、面子を潰された籠寅組は虎造に無茶な映画出演を要求。再び仲介に入った登は掛け合いの席で日本刀や匕首《あいくち》を持った籠寅組組員に襲撃され、その傷が元で2年後に死去している。

断っておけば、この時代の興行はこれが普通であり、吉本興業だけが特別だったわけではない。そうしなければ、生き残ることはできない時代だったのだ。

林正之助と山口組・第一次頂上作戦

戦争の混乱を経て、両者の関係はより濃密になっていく。しぶとく戦火を生き残った吉本興業は、吉本せいの実弟で、虎造の一件でも吉本の総支配人として現場を仕切っていた林正之助を中心に、再び勢力を拡大していく。

一方の山口組は、1946（昭和21）年に山口組三代目を襲名した田岡一雄が山口組興行部を「神戸芸能社」として事業を再開。神戸芸能社が美空ひばりや田端義夫、村田英雄といった当時の錚々たるトップスターの興行権を握って芸能界に君臨したことはよく知られている。

50（昭和25）年に死去したせいの後を継いで名実ともに吉本のトップに立った正之助が、ヤクザの世界で飛ぶ鳥を落とす勢いだった山口組と組んで様々なビジ

◉吉本せいの夫・林正之助（左）と三代目山口組・田岡一雄組長。
吉本興業と山口組は“ビジネスパートナー”だった

ネスに進出したのは、必然だったといえるだろう。

両者の関係を示すエピソードは枚挙に暇がない。なかでも有名なのが、正之助が田岡一雄と組んでレコード会社を乗っ取ろうとした容疑で68（昭和43）年に兵庫県警に逮捕された「日本マーキュリーレコード乗っ取り未遂事件」だろう。

当時の報道によれば、正之助は日本ビクターの下請けだった日本マーキュリーに乗り込み、「山口組の組織力があるから、レコードの販売、製造がうまくいくのだ」「わしが田岡親分に電話一本連絡すれば、山口組の300人の兵隊が来て血の雨を降らすぞ」などと脅し、会社を乗っ取ろうとしたという。

この事件では吉本興業にも捜査が入っており、元経理部長が詐欺や有価証券虚偽記入の疑いで捜査を受けている。当時の吉本興業はれっきとした一部上場企業で、現在の尺度から見れば信じられない話ではあるのだが、吉本興業と山口組はビジネスパートナーであり、今でいう「フロント企業」も同然だったのだ。

正之助はこの事件後も吉本興業の会長職に復帰し、

91（平成3）年に亡くなるまで吉本のトップとして君臨し続けている。

ただし、山口組との関係でいえば、ある時期を境に、少なくとも以前のように露骨な関係は急速に消えていくことになる。

多くの識者が指摘しているように、契機となったのは64（昭和39）年に始まった警察による「第一次頂上作戦」だろう。

かつての「任侠」は「暴力団」に変貌し、組織間の抗争も激化するなど様々な社会問題を起こしていた。警察当局は64年から暴力団を壊滅すべく暴力団一斉取り締まりを開始し、組織のトップや幹部を検挙しはじめる。

同時に暴力団の資金源を断つ目的で標的にされたのが興行の世界だった。

警察は各自治体や公共施設に会場を貸し出さないよう要請し、現場から暴力団を徹底的に締め出す作戦に出た。キャバレーやクラブでの営業などもままならなくなった神戸芸能社は芸能界での影響力を失っていくことになる。

この背景にはテレビ放送の広がりもあった。カラー放送が始まり一般家庭への普及が本格化していくなか、スターたちの活躍の場は劇場からテレビに移っていく。相対的にヤクザのシノギとしての興行が急速に減っていったのは必然の成り行きだった。

この間、正之助が山口組とどのような関係を保っていたのかは定かではない。ただ、正之助と暴力団については、正之助に可愛がられた芸人のひとりである中田カウスが語り継いでいるという有名なエピソードがある。

ある日、正之助は主だった所属芸人を集めて、こう宣言したという。

「ええか、今日の今、この時をもって、ヤクザとは一切関わってはならん！　メシや酒の席はもちろんのこと、電話でしゃべっても、目を合わせてもいかん。考えられるあらゆる場面で、ヤクザと接してはいかん！」

ところが、それからしばらく経って、田岡一雄組長死去の報が一斉に流れた。カウスはこのニュースを報じた新聞を持って会長室に行き、こう尋ねたという。

「会長、この前の『ヤクザと一切関わってはならん』というお話ですすけど」

「うん、カウス君。キミもちゃんと守ってくれてるんやろな」

「誠に申し上げにくい話なんですが、ここに写っておられるのは、会長ではございませんでしょうか」

カウスは持参した夕刊紙を取り出し、掲載されていた田岡組長の葬儀の写真を指さした。

「カウス君。キミは僕が双子やゆうの知らんかったんか？　これは僕やのうて、弟のほうですよ。ホンマ、しゃあないやっちゃなあ」

田岡の死去は81（昭和56）年のことである。

中田カウスを描いた著作もあるライターの西岡研介氏は、『吉本興業百五年史』（吉本興業株式会社発行）に寄せた一文で、この時の正之助の心境を「それまで脈々と続いてきた『興行とヤクザ』との関係の終焉を、身をもって感じたのだろう」と書いている。

今となっては林正之助の「ヤクザと接してはいかん！」の宣言がどの程度本気だったのかはわからない。ただ、明らかに時代が変わり始めていたことは間違いない。

東京進出と水面下で続いた関係

警察当局は第一次頂上作戦以降も繰り返し暴力団壊滅の取り締まりを強化していく。そのため吉本興業と山口組の関係も、さすがに会社同士の露骨なビジネスは影を潜めていく。

ただし、長年にわたって生まれた関係はそう簡単に切れるものではない。法の範囲内での興行の仕事や、人対人の関係のなかで、ゆるやかに続いていくことになる。世の中も現在に比べればまだ寛容で、そこかしこに反社のにおいが漂っていた。

吉本興業ホールディングスの現会長・大﨑洋も1978（昭和53）年に入社した直後のエピソードとして、「明らかにそのスジの人々」に出迎えられるような営業先にマネジャーとして同行した話を明かしている。

この時代を知るベテラン芸人であれば一度や二度は、営業先がヤクザの取り仕切る祭りや宴会だったという経験をしていることだろう。テレビでも「ヤクザ相手の仕事で絡まれる」というドッキリ企画が当たり前のように放送されていた。

それでも、大きく問題視されることがなかったのは、吉本やお笑いの地位がまだまだ低かったからだろう。昭和の時代、日本のエンタテインメントの本流にいたのは歌手や俳優たち。吉本興業はまだ関西のいち興行会社にすぎなかった。

その後、80年代の漫才ブームをきっかけに、吉本興業は本格的な東京進出に成功し、明石家さんまや島田紳助といったタレントが芸能界のど真ん中に居場所をつくる。さらに90年代にはNSC一期生からダウンタウンが登場し、一躍全国区のお笑い事務所として名を馳せることになった。

一方の暴力団側は、91（平成3）年に「暴力団員による不当な行為の防止等に関する法律」、通称・暴対法が施行され、その勢力を削がれていった。規制を逃れるため、企業舎弟やフロント企業を巧妙に偽装するなど、実態が見えづらくなり始めたのもこの頃だ。

この間、吉本の芸人による暴力団関係者の誕生パーティへの出席など、芸人個々のスキャンダルはあったが、吉本興業と暴力団の間にとくに目立った関係は見られなかった。ただ、その関係は水面下でゆるやかに続いていたとの指摘もある。

「99（平成11）年には林正之助の娘婿である林裕章が社長に就任しています。吉本は東京に進出して以降、バックを持つ東京の老舗芸能プロから『早く大阪に帰れ』と、長いことプレッシャーを受けたようですが、それをギリギリのところで食い止めていたのが林社長の存在でした。そういえば後の紳助騒動では、ダウンタウン・浜田雅功が歌番組でのパクリ発言で右翼団体から街宣をかけられるトラブルが起こり、林社長が人を通じて山口組元幹部に解決を依頼したと報じられていましたね」（週刊誌記者）

その林裕章は会長となり2005（平成17）年にがんで死去しているのだが、この死は、それまで創業家

週刊現代 2007・4・7

創業家「排除」と「逆襲」の暗闘――お家騒動が始まった

吉本興業副社長(暴)脅迫事件"一部始終"

さんまは、紳助は、ダウンタウンはどうする、どうなる

増田晶文 作家

芸能界激震スクープ!

林家と経営陣の対立に(暴)が乱入

元武闘派Xが出した二つの要求

◉お家騒動の発端となった『週刊現代』の記事(2007年4月7日号)

の顔を立てて静観していた反社勢力が吉本の利権を狙って一気に動き始める合図となる。

お家騒動と〝怪芸人〟中田カウス

林会長の死後、2005(平成17)年に吉野伊佐男が社長に就任し、翌年には大﨑も副社長となっている。2人とも創業家とは関係のないサラリーマン社長と副社長だが、この経営陣に対し、裕章の妻で林正之助の娘である林マサが林家に経営権を戻すように迫り始めたのだ。マサは吉本興業の株を大量に保有する大株主でもあった。

当時、吉本の周辺では、このマサの意向を受けたと思われる反社勢力からのアプローチが幾つもあったという。

そして07(平成19)年、週刊誌を舞台にした「お家騒動」が勃発する。発端は『週刊現代』(07年4月7日号)が報じた「吉本興業副社長(暴)脅迫事件」という記事。大﨑副社長がマサの委任を受けたという元暴力団組長

に呼び出され、吉本の人事などについて強要、脅迫されたという内容だった。

　ところがこの3日後に発売された『週刊新潮』で、マサが〈『吉本興業』は怪芸人『中田カウス』に潰される！〉という手記を発表。大﨑社長監禁事件への関与を否定し、返す刀で「中田カウスは山口組五代目渡辺芳則組長との交流を公言し、その名を笠に吉本の経営にまで口を出している」と、なぜか吉本の所属芸人・中田カウスを攻撃し始めたのだ。マサ氏は翌週も手記を寄せてカウスを批判した。

　すると今度はカウスが『週刊現代』に登場して〈〝創業家〟と暴力団の癒着こそタブーだ〉とマサに反論。これにマサが再反論するなど経営陣、創業家、カウスの主張が対立するなか、互いを攻撃する情報が飛び交う泥試合が繰り広げられた。

「カウスが林正之助の縁で五代目山口組・渡辺組長と親しかったのは事実のようです。林裕章会長にも可愛がられ、吉本の特別顧問に抜擢されています。ただ、このお家騒動でもそうだったように、ある時期から一貫して吉本を反社勢力から守るために動くようになった。だから反社勢力を追い出した現在の経営陣からも、大阪の大御所として厚遇されている」（前出・週刊誌記者）

　一連のお家騒動は、創業家一族を利用して吉本の利権乗っ取りを目論んだ反社勢力によって仕掛けられたわけだが、吉本側がマサ氏に対して「法的手段を検討する」とし、中田カウスも「ファンを騒がせた」という理由で特別顧問を辞任するなどあって、ひとまず沈静化していくことになる。

　ただし、この騒動では新たな火種も生まれていた。暴露合戦のなかでマサが「吉本の幹部が関与した巨額の途不明金をめぐってカウスが暴力団員の名刺をチラつかせて脅迫した」と告発し、カウスも「横領したのは吉本興業の中邨秀雄《なかむらひでお》・元会長」「林会長・マサ夫妻の依頼を受けて、中邨が着服した金を回収しただけ」と反論したのだが、この情報が後に新たなトラブルを吉本に呼び込むことになるのだ。

非上場化と紳助の引退

騒動は沈静化したものの、反社勢力のプレッシャーは水面下で続き、2009（平成21）年には、カウスが何者かに金属バットで襲撃され、「舞台に立てんようにしてやる」という脅迫状が届くという事件も発生する（犯人は捕まっていない）。

こうした状況を打開するため、09年に社長に就任した大﨑洋が決断したウルトラCが吉本興業の「非上場化」という一手だった。

◉反社勢力から吉本を守るために動いたとされる中田カウス

09年、吉本興業は元ソニー会長の出井伸之氏が代表を務める投資会社、クオンタム・エンターテイメントによる友好的TOB（株式公開買い付け）に賛同することを発表。これによって上場を廃止し、10（平成22）年には新生「吉本興業株式会社」となっている。

当時、吉本興業は異例ともいえる非上場化の理由を、「スピーディな組織づくりのため」と説明していたが、真の目的が創業家とそれに連なる反社勢力の排除だったことは明らかだろう。

後に大﨑も「歴史の事実として、興行の現場は反社会的勢力も関わってきた世界でもあります。100年近く続いてきた会社には、様々なしがらみも生まれており、そうした部分を断ち切るためにも上場廃止はどうしても必要な決断だった」と説明している。

闇営業問題で話題になった「在京5社、在阪5社が株主だから大丈夫」というのも、この非上場化の際に組まれたスキームだ。

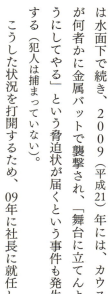

ＴＯＢによって反社勢力の影響力を排除することに成功した吉本だが、その後も、この騒動の後遺症に悩まされることになる。

実は、「お家騒動」の暴露合戦のなかで浮上した、「カウスによる恐喝疑惑」をめぐって、暴力団を担当する大阪府警の捜査4課が捜査に乗り出していたのだ。結局、大阪府警はカウスを挙げることはできなかったが、その捜査の過程で入手した情報に、吉本を激震させる爆弾が潜んでいた。

暴排条例が全国的に施行された11（平成23）年。吉本のトップタレントだった島田紳助が突如として芸能界引退を発表する。

引退理由は六代目山口組の若頭補佐、橋本弘文・極心連合会会長との親密な交際だった。

紳助と橋本会長の親密な交際を示す資料は、渡辺二郎らが関わっていた裁判で提出された警察調書。この資料が吉本興業に持ち込まれた経緯はわかっていない。大阪府警が紳助逮捕の外堀を埋めるためとも、カウスを取り逃した意趣返しのため吉本に持ち込んだ、ともいわれたが真相は不明である。

とにかく、これが吉本興業に持ち込まれ、事実を突きつけられた紳助は、自らその場で引退を決断したのだ。

紳助は「距離を置いて付き合っているつもりだった」と話しており、相手がヤクザであっても食事などの付き合いならセーフだと思っていたという。だが、全国的に暴排条例が施行されるなど暴力団との交際に対する世間の感覚は、もはやこうした関係を許すものではなくなっていた。

引退発表後も含めて、紳助は逮捕されたわけでも何か法律を犯したわけでもない。暴力団幹部と親しく交際していたというだけである。

大﨑にとっても、紳助は同時代を戦ってきた盟友でもある。謹慎などで世論をかわすこともできたはずだが、引き留めることはしていない。引退は紳助自身の決断だが、吉本側もそれだけ企業として反社排除に本気で取り組んでいたということだろう。

吉本興業は現在、安倍政権が推し進める官民ファンド「クールジャパン機構」のビジネスに深く関わるなど〝血税〟からの資金拠出を受けている。大﨑現会長にとって「反社問題」は、絶対タブーと言っていい。

紳助の引退以降、大﨑会長は所属芸人たちに厳しくコンプライアンスの順守を求め、反社勢力の排除に取り組んできた、はずだった。

闇営業騒動のさ中、メディアのインタビューに答えた大﨑会長は「道半ばだった」「忸怩《じくじ》たる思い」と悔しさをにじませている。

吉本や芸人を反社勢力から守るために必死に戦ってきた経営陣の目には、入江慎也や宮迫博之らの軽率な闇営業はどう見えているのだろうか。　（本文中敬称略）

吉本興業＆メディア関係者匿名座談会

A……吉本興業関係者
B……吉本興業所属芸人
C……スポーツ紙記者
D……テレビ局関係者

闇営業問題が、〝加藤の乱〟そして吉本興業のお家騒動に拡大した全舞台裏！

「雨上がり決死隊」の宮迫博之100万、
「ロンドンブーツ1号2号」の田村亮50万円——
詐欺集団のカネで懐を潤したタレント問題は
巨大エンタメ企業に燻ってきた
不満分子の〝反乱〟を誘発！　舞台裏で何が起きたのか⁉

取材・構成＝黄志陽
ジャーナリスト

〝反社勢力〟と関わればテレビ局、スポンサーへの莫大な違約金が！

A（吉本興業関係者） まずは今回、吉本興業がこれだけ世間的な批判にさらされることになった経緯を振り返りましょう。きっかけは6月7日発売の写真週刊誌『FRIDAY』（以下フライデー・6月21日号）が報じた「宮迫博之ほか吉本興業人気芸人が犯罪集団に『闇営業』」という記事です。記事には2014年12月、振り込め詐欺によって全国から20億円以上の金を奪い取っていた組織的詐欺グループの主犯格である大野春水（15年6月に詐欺容疑で逮捕）の誕生会兼忘年会に「雨上がり決死隊」の宮迫博之（49）やロンドンブーツ1号2号の田村亮（47）らが出席。会社を通さない、いわゆる直の営業、〝闇営業〟を行い、詐欺グループから多額の謝礼を受け取っていたことが詳細に書かれていました。

記事掲載号が発売される前の6月3日、フライデーからの質問状を受け取った会社（吉本興業）側は、宮迫、田村をはじめ、詐欺グループの忘年会に宮迫らを仲介した「カラテカ」の入江慎也（42）ら12人の一斉ヒアリングを実施。仲介者の入江は詐欺グループから40万～50万円の謝礼を受け取っていたと白状し、会社はフライデー発売前の翌6月4日、ほかの出席者に先駆けて入江との契約をいち早く解消したわけです。

C（スポーツ紙記者） 当初、宮迫さん、田村さんらは謝礼の受け取りを否定していたわけなんですよね？ ところがフライデー発売翌日の6月8日、世間からのあまりにも大きな反応に怖くなった2人は、宮迫さんが100万円、田村さんが50万円を受け取っていたことを会社に報告。ですが、6月3日のヒアリング時に宮迫さんらから「謝礼は受け取っていない」と説明を受けていた会社側は、スポンサーやテレビ局、関係各所に対して「（忘年会には）出席していました が謝礼は受け取っていない」と報告していた。それをいきなり2人に〝謝礼を受け取っていた〟とひっくり返された会社側としては、今さら関係各所に対して当初の説明を翻すわけにはいかず、「静観しろ」という流れになった。事実、報道後の6

月13日には宮迫さんが出演していた『アメトーーク！』（テレビ朝日系）のCMから大口スポンサーのSMBC（三井住友銀行）が撤退。同じく宮迫さんが出演していた『行列のできる法律相談所』（日本テレビ系）などの番組も、出演シーンの再編集作業に追われるといった実害を被りました。

A　会社側としては、宮迫らが詐欺グループから金を受け取ったとなると、彼らが出演していた番組やスポンサーに対する違約金が莫大《ばくだい》になることは容易に想像できました。そこで、その後の対処も含めて忘年会の参加者らに〝静観しろ〟という流れになったんです。

　吉本という会社は、以前から会社を通さない〝直営業〟に関しては、寛容なところがあった。6000人もの芸人がいますから、ほとんどの芸人はバイトでもしなければ食べていけない。ですが詐欺を行った『反社会的勢力』の直営業に出席し、謝礼を受け取ったとなると話は別。彼らに〝静観姿勢〟は保たせつつ、6月24日、忘年会に出席した芸人全員を呼び出し、謹慎処分を言い渡したんです。

混乱のすべては宮迫と田村の〝嘘〟から始まったこと

C　詐欺グループからの金銭の受け取りを認めて以降、良心の呵責《かしゃく》に耐え切れなくなった宮迫さんらは、会社側に〝会見を開かせてくれ〟と直訴したんですよね？　ですが会社側はそれを認めず、宮迫さんらが金銭の授受を会社に報告した約1カ月後の7月13日になって、ようやく彼らが受け取った金額を発表するなど対応が後手後手になった。そして不信感を持った2人が弁護士をつけ、会社との溝がますます広がってしまった。

D（テレビ局関係者）　そうですよね。謝罪会見をしたい宮迫さん側と当初、宮迫さんらに嘘をつかれたことで彼らに不信感を持った吉本側との意見が真っ向から対立。結局、吉本側は、7月18日になって突然2人の弁護士のところに書面で「2人との契約解消。もしくは2人の引退会見を行う」と通告。事態の急な展開に慌てた2人は会社側の警戒を解くために、弁護士との契約をいったん解除して、

◉宮迫博之と田村亮の自主会見。これを機に反社問題はフェイドアウト、世間の関心は吉本の企業体質に移った

岡本社長に直訴しようと吉本に赴きましたが、岡本社長に会うことはかなわなかった。代わりに現れたのは吉本側の弁護士で、弁護士は「2人の引退会見、それを拒むなら契約解消、会見を行うなら質疑応答は会社側の用意したQ&Aに従え」と強弁した。吉本側の強固な姿勢に納得できない2人は、通告を無視する形で、7月20日に記者会見を強行してしまったんです。

会見の中で彼らは、6月24日のヒアリング時に吉本興業の岡本昭彦社長(52)から、「テープ録ってんちゃうやろな」「お前ら全員クビにする力が俺にはある」「在阪5社、在京5社は吉本の株主やから大丈夫」となかば脅迫まがいの暴言を受けたことを暴露。あれで世間の関心は、〝反社会的勢力から謝礼を受け取っていた〟という問題の本質からいっきにズレて、「悪徳吉本 vs.芸人」の対立構造に移っていったんです。

C あの会見で世間は宮迫さんらに同情しましたよね。そこで、事態を憂いたダウンタウンの松本人志(56)さんが「松本、動きます」とツイート。宮迫らの会見が終わった日の晩、心斎橋筋2丁目劇場時代から一緒に東京に進出してきて、本人の言葉を借りれば〝アニキ〟と言っていい存在の大﨑洋会長(66)、岡本社長と会談し、会社側にも早急に記者会見を開くよう促した。

A 大﨑さんと岡本さん、松本さんの関係は特別なんです。大﨑さんは社長になるまで決して順風満帆じゃなかった。入社当初は先輩社員から「お前は、なんば花月のゲロでも掃除しとけ」って言われてたぐらいの最低のスタートでしたから。ですからダウンタウンの才能を見抜いてからも、大﨑さんは会社のバックアップもほとんど受けられずに心斎橋筋2丁目劇場をつくって、彼らを売り出すために、会社の意向を無視して勝手に東京に進出したんです。東京進出当時、大﨑さんは赤坂の事務所の前にマンションを借りてダウンタウンと苦楽をともにし、彼らのために東奔西走。それこそ、服の選び方から舞台での立ち居振る舞いまで教えていました。だからダウンタウンとは親子以上の関係なんです。ですが、東京進出した後も90年代に吉本の東京事務所を立ち上げた木村政雄元常務や元フジテレビの横澤彪《たけし》さんらから、当時はまだ評価の低かったダウンタウンを売り出すことに横槍《よこやり》を入れられ、泣く泣く大阪に戻った。その、いちばん大変だった時期に唯一、「大﨑さん、大﨑さん」って支え続けたのが岡本社長なんです。

B（吉本興業所属芸人） そうですよね。ダウンタウンが東京に進出して、その後にダウンタウンと同じく心斎橋筋2丁目劇場に出演して関西から人気に火がついた東野幸治さんや今田耕司さん、130R、キム兄らが『ごっつええ感じ』（フジテレビ系）で合流。あのあたりの〝2丁目グループ〟だけが、大﨑さん、岡本さんに直接モノを言える。岡本社長が会見で言った〝ファミリー〟の関係で、タカアンドトシのタカがインスタに上げて一瞬で消した「5990人の芸人はファミリーと感じたことはないと思うけどなぁ……」という発言につながるんです。

大﨑会長を頂点とする「Oライン」への不満が内紛の火種!?

A　そうかもしれません。で、話を岡本社長の会見に戻すと、周りは会社として迅速に会見を開くことを大﨑さんに訴えていましたが、当初、大﨑さんは〝なんで会見やらなアカンの〟って感じだったそうです。報道陣の追及の矢面に立って、やいのやいの言われたら、〝こっちも感情的になるやん〟と。こちらにも言い分はあるから〝(四大紙をはじめとした)個別の取材には答えるよ〟となった。そうした経緯もあって、大﨑さん不在のなか、岡本さんと副社長の藤原寛(50)さんだけが会見に出席し、結果的にウダウダになってしまったんです。

B　僕が後に社内(吉本興業)の関係者から聞いた話では、6月24日、宮迫さん、田村さんら芸人4人が、岡本社長ほか会社側のスタッフ2名と顧問弁護士、法務関係者と会談を行った際、宮迫さんらが「なんで弁護士連れて来てんねん!」などと騒ぎ、会社側が「これはお前らを守るための弁護士やから」と説明しても、彼らは納得せずに話がまったく進まなかったそうです。それで岡本社長が仕方なしに、自分以外の会社側の4人を退席させ、「お互い腹割って話しよう」ということで、「テープ録ってないやろな?」と発言する流れになった、と。しかしこの話が本当だったら、岡本社長はなんで会見の時に、

◉会見で注目を浴びた岡本社長もダウンタウンの元マネジャー

キチンと説明しなかったんだろう？今さらそんな話が内部から出ること自体、岡本社長擁護のために誰かが流してるのか、と思われても仕方がない……。いずれにしても、あの会見でいっきに世間が吉本叩きに回りましたよね。

A　会見が失敗した原因はいくつかあります。以前の吉本なら、横山やすしさんが不祥事を起こしていた頃から広報担当としてメディアの矢面に立ってきたTさんという広報のエースがいました。Tさんは大﨑さんと反りが合わなかったのか、数年前に会社を辞めましたが、もしTさんがまだ吉本にいたら大﨑さんが「なんで会見に出る必要があんねん？問題はそれで済まんやろ？」と言っても〝出る必要はあります〟と説得してたと思うんです。Tさんだったらいつまで経っても同じ質問ばっかり繰り返す記者たちも、うまく捌《さば》いてくれていたはず。

もうひとつの失敗の要因は、法務担当、弁護士のヒアリングの甘さ。吉本には社外取締役にH先生という優秀な弁護士がいるんですが、H先生は基本的に大阪がベースで、今回問題を起こした芸人らは東京の管轄。H先生だったら、宮迫らが「実は謝礼を受け取っていた」とひっくり返した段階で、きちんと〝それはどういう性質のものか？〟と突っ込んでたはずなんです。それを突っ込み切れてなかったから、宮迫は会見で「（謝礼ではなく）打ち上げ代やと思ってた」と言い訳できたんでしょう。こうした諸々の悪要因が、会社のバッシングにつながるウダウダの会見となって表れたんだと思います。

C　会見の失敗は結果的に、ほかの芸人らの不満を噴出させることになりましたね。極楽とんぼの加藤浩次（50）さんは自らがMCを務める『スッキリ』（日本テレビ系）で、「今の経営陣が変わらなければ僕は会社を辞めます」と気炎を吐いた。それに対して、〝ファミリーではない〟と発言していたタカアンドトシのトシさんや平成ノブシコブシの吉村崇さんなどがツイッターで反応、同じ北海道出身で食事会などもしている「北海道会」の先輩である加藤さんのことを援護する形で、吉村さんは「僕は北海道の人間です。何かあった時は北海道の人について行きます」などと追随したんです。

B　僕ら芸人側としては、岡本社長らのファミリー云々の話に対する彼らの違和感はなんとなくわかるんです。整理すると、ダウンタウンより上の世代は、さんまさんや紳助さんも含めて師匠を持った徒弟制度の芸人の時代。それ以降と以前では、会社に対する愛情とか考え方とかに温度差がある。もちろん、さんまさんと紳助さんの2人は大﨑さんとも同年代でいわば同志。ですから若手芸人が次々と声を上げるなか、騒動後にさんまさんが、「(問題を起こした宮迫ら芸人を) 俺が引き受ける」と発言したり、大﨑擁護のために紳助さんが週刊誌、スポーツ紙やワイドショーの取材に応じて、「大﨑さんやさんまとは連絡を取ってる」「大﨑クビにしたら会社潰れんで」「円満に解決してほしい」と発言したのは当然のことでした。

加えて、ダウンタウンのマネジャーを務めた岡本社長や会見にも同席した藤原副社長は、大﨑会長を頂点とする「Oライン」と呼ばれる主流派。松本さんは言わずもがな、です。問題になった芸人らを社内に集めて「松本興業」をつくると発言したのも、半分は大﨑さんを守るため、半分は〝若手の芸人も可愛い〟という複雑な立場から出たものだと思います。

「加藤の乱」の背後に見え隠れするミスターXの存在

A 確かにさんまさん、紳助さんらのように、徒弟制度を経験してないNSC(吉本総合芸能学院)出身のダウンタウン以降の世代は、ジェネレーションギャップが顕著ですよね。宮迫らはダウンタウンの後の「吉本印天然素材」のメンバーで、ナインティナインも同じく天然素材のメンバー。彼らはあまり大﨑さんの影響力とは関係ないところで東京に進出し、テレビなどを中心に頭角を現してきた。今回、会社に反旗を翻した加藤は田村と同じく渋谷公園通り劇場、銀座7丁目劇場の出身。彼らを育てたのは元社員で劇場支配人だったXさんなんです。Xさんは吉本在籍時にはいろいろといわくがあって。先代の故・林裕章社長時代、中田カウスさんが暴力団絡みのさまざまなトラブルを収めていたのに対して、Xさんは、裕章氏存命時に次期社長候補の筆頭だった木村政雄元常務が吉本を退社するきっかけとなった、いわくつきの吉本会館の施設運営を木村氏に代わって任されるなど、裕章氏からの信頼も厚く、一時はカウスさんと並び〝吉本の飛車角〟とも称されていた人なんです。

しかし、この人には裏表があって、自らが携わっていたテレビ番組の制作費をダンピングして競走馬を買ったり、トンネル会社を使ってソープ経営をしていた疑惑などが『夕刊フジ』や『週刊文春』で報じられた過去がある。かつてのお家騒動の最中、大﨑さんの動向を知るために吉本の東京事務所に盗聴器をつけていたという疑惑もありましたね。

B　でも結局、カウスさんと大﨑さんが組んでXさんを追い出した。同時期、10代少女と飲酒したうえに性的暴行にも及んだとして極楽とんぼの加藤さんの相方の山本圭壱さんが一発解雇（のちに復帰）されていますが、これも極楽とんぼがXさんと近かったから、ともいわれてます。会社はその時、加藤さんに対して〝Xとはもう付き合うな〟と告げたそうです。１９９４年に14歳の少女相手に淫行事件で逮捕された、先述Oラインの「１３０Ｒ」板尾創路さんは謹慎処分だけで済んだのに、山本さんの不祥事に対しては、取り付く島もなかった。それ以降、加藤さんはOライン体制に不信感を持っていて、それが今回の件で爆発したんじゃないか、とみんな噂してます。

A　Xさんの話には続きがあって、今回、加藤の強気の発言の裏にはXさんがついているんじゃないか、と会社は見ているんです。岡本社長の会見の翌日、加藤は大﨑会長と岡本社長と吉本の東京本社で会談しましたが、その時にXさんとの関係を詰められた節があります。会談の際、加藤は大﨑さんらから〝まだアイツ（X）と付き合ってるんかい〟〝Xと付き合ってるんやったら辞めるのは俺らやなくてお前やぞ〟と言われ、いっきにトーンダウンしたんじゃないか、と。

D　そうした複雑に入り組んだ会社側と芸人との背後関係を聞いていると、会見以降に派生したさまざまな芸人さんたちのポジショントークの意味がわかるような気がしますが、業界的には気になる動きがひとつあるんです。ジャニーズ事務所社長のジャニー喜多川さんが亡くなるかもしれないという噂が流れていた今年の5月ぐらいから、第三極の芸能事務所をつくろうという動きがあるらしい。

宮迫からさらなる〝ネタ〟が出てくる可能性は否定できない

A 吉本でもその話は把握していま す。ジャニーズのタレントに声をか けているようで、我々は〝行儀悪い な〟って言ってたんです。加えて今回の騒動では、会社を辞めそうなウチの芸人らにも手を伸ばし、漁夫の利で人を集めようとしていると聞いて驚きました。

C それはそうとして今後、吉本興業としては処分した芸人さんらをどうするつもりなんですか?

A 宮迫に関しては不信感しかありません。そもそも彼は闇営業に出て、反社会的勢力から謝礼を受け取りながら嘘をついていたわけですから。今後、さらなる〝ネタ〟が出てくる可能性も否定できなかったため、吉本側の認識としては会見を行った時点で宮迫との契約は解消したままという認識です。加藤もすでに腹をくっていたのか、個人事務所を立ち上げたうえ8月6日に大﨑会長らと会談し、その席で加藤の個人会社と吉本との間でエージェント契約を結ぶことが決まった。事実上の契約解消となったわけです。

いずれにせよ、吉本は、09年から始まった大﨑体制以降、いわくつきの株主に左右されない会社運営を行うために上場を廃止し、反社会的勢力との関係を切って、コンプライアンスに神経をとがらせてきましたが、逆に言えばそれしかしてこなかった。大﨑さんは吉本興業を総合エンターテインメント企業へと脱皮させようと思ってずっと動いてきて、現在ではアマゾンやネットフリックスなどと組んで番組を配信し、中国を代表する投資ファンド兼メディア・エンターテインメントグループ「華人文化グループ」とも組んで海外への進出も進めています。さらに今後は、NTTと組んでクールジャパン機構から最大100億円の融資を受けつつ、教育コンテンツの動画配信プラットホームを運営していくことも決まっている。

そうした〝(お笑いだけではなく)面白かったらなんでもしよう〟といった「大﨑・吉本」ですが、古い体質を抱えながら拡張するなか、岡本社長の会見を契機にいろいろな問題点が浮かび上がってしまった。

　吉本がさらなる総合エンターテインメント企業を目指していくのであれば、8月8日に行われた外部有識者からなる「経営総合アドバイザリー委員会」でも報告されたように、加藤浩次が大﨑さんに提言したという「エージェント契約」や「専属マネジメント契約」を6000人もの芸人たちとどのような形で進めていくのか、また〝デスク〟と呼ばれる社員が1人で100人もの芸人を見ざるを得ない現状、岡本社長会見で浮上した営業先スポンサーの徹底的な〝反社チェック〟の問題……さまざまな問題を清算すべき時が来たのかもしれません。

◉吉本と「エージェント契約」を結ぶことが決まった加藤浩次。独立の好機を得た形

ヤクザと芸能界

▼芸能人を「呼ぶ側」のメリットとは？

〝お家騒動〟でうやむやに現役「暴力団」「半グレ」が語る闇営業のリアル

宮迫博之らの「闇営業」騒動は吉本興業の内紛に発展し、当初問題にされていた反社会的勢力との関係は、うやむやのままだ。現役の半グレ、暴力団組員たちはこの騒動をどう見ているのか。

文＝鈴木智彦｜フリーライター

所属芸人が反社会的勢力の宴会に出席し、闇営業を行ってギャラを得ていたという今回の騒動は、壮大な茶番劇だと思ってくれていい。にぎにぎしく騒いでいるマスコミがそもそも、こんなことはよくあることで、たいそうな悪事とは思っていない。

吉本興業や所属芸人は、体面上、決して居直ることはないだろうが、テレビにコメンテーターとして出演している識者・文化人とて、内心、空虚な議論と思っている。関係する組織の幹部に電話をかけてきて、

「じゃあ（芸人らは）知らなかったことにしておきます。そう言っておきますから」

と、念押ししてきた元警察官コメンテーターもいる。ウブな視聴者が思うほど、現実は決して綺麗事ではない。想像もしないような場所で、あちこちがグルだったりする。

「わーわー騒ぐような問題じゃない」

おまけに騒ぎにせっせと油を注いでいるのは、反社や元反社といった当事者たちである。

「俺たちだって同じ人間だ。一緒に飯を食って、酒を飲んで何が悪い！」

とぶち切れるならともかく、自ら「あいつは反社の宴会に出てましたよ」とたれ込み、逃げ場のない芸人を追い詰め、コンプライアンスを盾に糾弾しているのだ。

「芸人がヤクザから金をもらうことが悪いなんて、まったく時代は変わったとしか言えない。そのうえ、ケツかいてるのが元ヤクザとかね。俺らの業界は社会の掃き溜めで、俺を含め屑のような人間ばかりではあったけど、漫才にもならないマッチポンプのような人間ばかり目立つようになった。もう末期的」（広域組織幹部）

関西独立組織の幹部も、今回の騒動には納得できないようで、馬鹿馬鹿しい話と切って捨てる。

「闇営業とか言うけど、なんて言うかな、ちょっと顔出してホステスがチップもらうようなもんちゃうかな。盛り場に行くと、マジシャンとかギターの流しがフリ

ーで回っているでしょ。基本、芸人さんもあれと同じですよ。マジシャンはポケットから白い鳩を出してチップもらう。芸人は面白い話をして笑わせる。その報酬として金をもらうんです。わーわー騒ぐような問題じゃない。

それに、たとえば本当にヤクザの宴会やいうたら問題あるかもしらんけど、反グレとか詐欺集団とか、まったく話がおかしい。彼らは捕まって初めて反社やないですか。捕まる前、犯罪がめくれるまでは、あくまで一般人です。宮迫が（宴席に）出たときはまだ捕まってないわけで、まったく問題ないし、彼らにそんなことわかるはずないですよ。あの当時、事件はやってたかしらんけど、それは当事者しかわからないことで、あんなに騒ぐのがおかしい」

この騒動は吉本興業の内紛に発展し、当初、問題にされていた反社会的勢力への「闇営業」問題は、論点がぼやけたままになっている。

おそらくこの調子では、今後も焼けぼっくいに火がつくだろう。

「しゃべるプロが必要だったから頼んだ」

騒ぎの当事者だった反グレ集団はどう思っているのか。あえて分類するなら関東連合系……となるのだろうか。某グループの飲み会に参加した。とある人物の誕生会で、会場になった店は彼の母親が営む小料理屋だった。広いとはいえない店のカウンターやテーブル席は、仲間たちや連れの女性でいっぱいになった。

酒が運ばれ、飲み会が始まる。

笑い声があちこちから聞こえ、和気あいあいとして見えるが、よくよく話を聞いていると、出席者のグループはバラバラだった。誕生会当事者の中学校の同級生、今の仕事仲間である水商売関係者、金融業者、そして不良たちと、参加者の共通項は誕生日であるメンバーの友人というだけである。

赤ワインを飲んでいたら、どこからかアルコール度数9パーセントの缶酎ハイが回ってきた。

「これをワインに足して飲むんだよ。テキーラと違ってすぐ吐いたりせず、でもマジで酔っ払う。最高ですよ」

真紅の不気味なカクテルは、たしかになかなか飲みやすく、そして一気に意識を酩酊させた。主役もけっこう酔っていた。それでもなんとか近づき、芸能人との付き合いについて質問する。

「いつもならこの場所にも芸人が来るんだけどね。さすがに今はね」

なぜ芸人が来るのか……理由は友達だからだと言う。

「みんなで集まって、騒いで、上下関係とか職業とか関係ないですよ。楽しいヤツは、そして裏切らないヤツは仲間です。あっちに困ってるヤツがいても、仲間の誰かがその分野のエキスパートを知ってる。それを紹介し合い、助け合うことで、俺らの仲間(関係)が成立している。しゃべりがうまい人が必要なら、芸人の仲間がいる。ヤクザと揉めたというなら、それと渡り合える不良がいる。だからこうした飲み会や食事会は俺らの業務みたいなもんです。今日は朝までいきますよ。付き合ってくれますよね?」

曖昧に返事をして、芸人たちの写真を持っているか聞いたところ、スマホを見せてくれた。人を笑わせる仕事の彼らは、不良たちに囲まれ、引きつりながらも楽しそうに笑っていた。

次に接触したのは、準暴力団指定を受けた怒羅権《ドラゴン》の某メンバーだ。

一見しただけで、そのパワフルさが伝わってくるような、一種独特の雰囲気をまとっていた。彼らの飲み会もぶっ倒れるまで酒を浴びるそうで、「毎回それをやっていると身が持たないので、大人数を集め、宴会をするんです」ということらしい。

芸人たちはそうした場の〝つなぎ役〟として呼ばれていたという。

「たくさんの人が来ると、間が持たないんですよ。酔っ払ってしまえばいいけど、それまでの間、なんとなくしらけてしまう。そこで芸人を呼んで話をしてもらっていた。そう売れてない人間でも、やっぱり素人とは違いますから盛り上がります。払った分の仕事はしてくれる。

でもこんな騒ぎになると、もう呼べませんね。警察が表でカメラを手に張ってるからです。あの騒動のあと、使った会場にも『二度とあいつらに貸すな』と圧力をかけてきて、2回目は断られます。その際、はっきり『警察が……』とは断らない。あくまで『ちょっとその時期は埋まってて空きがない』とか。でもニュアンスでなんとなくわかります。

今回の騒動……かわいそうと思いますね。何かをしたいとき、そのプロに仕事を頼むのは当たり前。家が壊れたら大工を呼ぶし、腹が減ったら飯屋に行くのと同じで、達者にしゃべるプロが必要だったから頼んでいただけ。結婚式の司会者と同じです。紹介者がいたら、それ以上、相手のことは詮索しないだろうし」

両者の証言をみてわかるのは、かつての芸能界と共生関係にあった暴力団とは違い、あくまで友達付き合いの範疇であり、芸人をサービス業の一環としてとらえていることだ。肩が凝ったからマッサージ師を呼ぶように、反グレたちは話芸のプロが必要な場面で芸人を呼んでいる。

所属プロダクションには内緒の闇営業だったとはいっても、あくまで商売上の付き合いにすぎない。

「アルバイト芸人」の裏スポンサー

暴力団へは、それぞれ関東と関西の組織幹部に当ててみた。関西に本部がある某組幹部は2時間あまり、その関係についていろいろ暴露してくれた。

この幹部もそうだが、たとえば大阪のヤクザと飲みに行くと、その場に芸人が同席することは多かった。友人としてではない。店で芸人の卵たちがアルバイトをしているのだ。

こうした店でヤクザたちは気前よくチップを切る、裏のスポンサーだった。芸人たちに「ヤクザを怒らせたら火傷する」という意識はあるのだろうが、部外者には絶妙な距離感で共生しているようにも見えた。

この幹部の行きつけの店にも、芸人の卵たちがたくさんいた。

「うん、知り合いは今でもいっぱいいるわね。小遣い

◉吉本所属の芸人・スリムクラブの2人は、指定暴力団「稲川会」大幹部の誕生パーティでの「闇営業」が発覚

やってる……。飲み屋の従業員には誰でもやるし、あくまで付き合い方は普通ですよ。まだ俺の若い時から、ヤクザと芸人の付き合いは当たり前にあった。芸人だってヤクザな商売やし、西成には『てんのじ村』いう、芸人が集まって暮らしていた地域もあるし、その側にはヤクザがぎょうさんおったからね。言ったらご近所付き合いみたいなもんですよ。

アルバイトに芸人の卵がいっぱいいるのは、彼らに訊くと会社の方針でもあるみたいだったけどね。世間の厳しさに揉まれ、そのなかから這い出てくる芸人が本物いうか……もう古い考えなのかもしれんけど、会社も正社員にせず、数多くの芸人を抱えていられんからメリットはあるやろうな。

彼らはきちんと仕事してくれましたよ。売れてなかっても芸人やし、その場を盛り上げてくれるわね。事始め（一般社会に先んじて、関西のヤクザ社会は12月13日に新年を迎える儀式をする）のあと、むりやり一般人の基準で言うから形は忘年会になるのか、ちょっとしたパーティをやるんだけど、どこの組織もそこにはたいていい芸人さんを呼んでました。関西は事始めという形が多く、関東は新年会やね。昔、稲川会の新年会に北島三郎ら演歌歌手の大御所が出て、それが問題となり、紅白を辞退したことがあったよね。あれですわ。

うちらはそんなに有名な人を呼んでなかったけど、元ポルノ女優とか、最近名前を変えた上方落語のベテランとか、有名女優の娘で歌手やってる子とか。歌手なら歌、芸人ならネタをしてもらう。ギャラは安いですよ……10万プラス足代ホテル代とか。有名どころで30万くらいやったんかな。関東の一部の組織は一桁違うらしけど、まぁこのへんが大阪の相場やないかな。

毎年座興をあれこれ考え、ニューハーフの一団を呼んだりね。今まで一番盛り上がったのは、ニューハーフ嬢たちのストリップショーやったわ」

事実、大阪の暴力団の座興で、ニューハーフ嬢のストリップが一種のブームになったことがあった。取材で二度、その場面に出くわした。

大広間の一番下座に特設ステージがつくられ、下半身の性転換手術をしたニューハーフがセクシーなダンスを踊る。親分も、幹部も、若い衆たちも大喜びしていた姿を覚えている。

ヤクザと芸人を結ぶ人物

ヤクザと芸人たちを結びつけていたのは、やはり特定の人物だったという。

裏社会の人間と馬が合うのか、礼儀正しさが気に入られたのか、「この人に頼めばスケジュールを調整して多くの芸人が来てくれる」と定評のある何人かがいたらしい。

「あのね。今回クビになった吉本興業の入江、あの子と同じような、一時テレビ出とったけど全然売れてない松竹の芸人がおるんですよ。それがみな毎年芸人たちを段取りしてくれてた。その人には司会をしてもらう。とにかく交友関係が広くて、嘘をつかないんですわ。たいていの要望には応えてくれました。感謝してますわ。

ワイドショーで偉そうにこの問題を叩いてる司会者

も、この芸人経由で結婚式の司会を頼んだことあるわ。表面上は素人の結婚式だけど、段取りしたのは暴力団やからね。まるで自分は無関係なような顔してあれこれ好きなこと言ってるけど、こっちから見れば同じ穴の狢《むじな》や」（同前）

また芸能人とヤクザの接点に、ホテルなどで開催されるヤクザ主催のディナーショーがあった。暴排条例施行直前、今はなき赤坂プリンスホテルで開催されたそれに密着したことがある。

ステージの主役は大物演歌歌手で、友情出演として同クラスの歌手が2人駆けつけた。どの回もチケットは売り切れで、親分は「これで抗争が1年できる軍資金ができた」とホクホク顔だった。

警視庁の情報係も赤坂プリンスホテルの関係者控え室にやってきて、挨拶をした。当然、この時、ヤクザの生業を禁止する法的根拠はなく、刑事とヤクザはにこやかに談笑していた。

ここまで大規模でなくても、過去、ヤクザ主催のディナーショーはけっこうな頻度で開催されていた。

「今、（ヤクザと）芸能事務所はほとんど関係ないわね。周防さんなんかは腐れ縁があって、それなりの関係はまだあるのかもしれんけど、それも仕事ではない。あっちは迷惑してると思うわ。まだヤクザと芸能人が蜜月関係にあったときも、我々がディナーショーやるときなんかは、事務所を通さず直でやることが多かった。当たり前やけどそのほうが安いねん、ギャラが半分以下になる。

大阪に男と女の演歌歌手を2人呼んで、200万円とかね。ただし紅白にしょっちゅう出てるクラスの歌手を呼んだら800万円とかかかるときがある。事務所通しても通さなくてもそれが最低ラインやねん。

なぜかというと、そういう歌手はホテルの音響設備は使わない。200人のスタッフも全部自分が連れてくる。普通の歌手はホテルの機材を使って体ひとつで来るから身軽で安く済む。ホテルも100万とか200万の機材費を取りよるけどね。

シノギとしたらリスクは少なかったね。1回で軽く1000万円の儲けにはなる。会場になるホテルにもよるけど、だいたい200～300人、1日に公演を2回するわけ。料金は3万円が相場ですわ。仮に300人なら売り上げが1800万、約半分がギャラと経費。ホテルに頼む料理を変えて調整する。

今はもうディナーショーはできないんですわ。できないです。芸能人が断ってくるからではないです。実際、表向き、カタギを立てて今もやってる人はいます。どこから見ても、全員、カタギです。ヤクザがやってるとはわからないし、手続き上はなんら問題はない。

ただ、昔と違ってチケットが売れへんねん。昔はワンテーブル10席でつくって、知り合いに付き合いで10万円とか買ってもらうわけよ。ところが今、ヤクザ業界の者がディナーショーの客として会場に入られへん。さすがに自分たちが観に行けないチケットを買ってくれとは言えない。だからヤクザが一斉にディナーショから手を引いた。カタギさんだけで500席も600席も埋まらへんからね。ヤクザの付き合いを使えば軽く半分は席が埋まるのに。でも今は売るに売られへんから、だからもうほとんどやってないですわ。

宴会に呼ばなくなったのは……島田紳助は関係ないです。最後に呼んだのはもう10年くらい前ですかね。来てくれた芸能人に迷惑かかって大事になるからやめとこうと。その2年前から撮影禁止にしたけど、今、こんだけスマホが普及したら、絶対隠し撮りするヤツいますわ」（同前）

付き合いが頻繁だった頃、紳助のように、ヤクザとの関係を誇示する芸能人はいたらしい。

「わしはそんなに直接、何かされたとかなかったけど、西城秀樹なんかは勘違いしとったね。肉親が宅見（勝）さんの姐《ねえ》さんやったから、今の入江さんに叱られたって風の噂に聞いたことはあるよ」（同前）

その西城秀樹も、もはや故人である。

「結局、金なんですよ」

最後に関東に本部を置く広域組織の幹部に話を聞いた。この騒動の最中も、「たまにテレビに出るクラスのグラビアアイドルを宴会に呼んだ」と豪語する。

「ヤクザの宴会じゃないけどね。金主たちのそれで、もちろん金もそいつらが払う。膝の上に乗ったり、パンツ見せたり、そこそこサービスしてましたね。結局、金なんですよ。金がもらえるとなったら顔を出す芸能人はいます。売れなくなった元アイドルとか悲惨なもんです。でもヤクザにひっついておけば小遣いはもらえる。こっちにメリットというか、それはもうないですね。芸能人なんて馬鹿馬鹿しいって相手にしない親分連中が多いけど、刑務所の慰問団とかは今も頼んでますよ。

それに若い子たちだって、テレビに出てる芸能人と一緒に飲んだら楽しいでしょう。いいもん食って、いい女を抱いて、いい車に乗って、みんなに一目置かれ、ちやほやされたくてヤクザになるんですから。

元スポーツ選手とも付き合いはありますよ。彼らも選手生命が短いし、先の見えない商売だし、いろいろ不安だろうからその手助けをしてるというか。野球選手からヤクザになった人もいますからね。ただ、それを言うなら元警察官のほうが圧倒的に多いけどね。ヤクザになった率でいうなら、元スポーツ選手より、元警察官のほうが多いんちゃう。ちょいちょい聞きますよ。マル暴にいて、袖の下もらって捜査情報流して、その後ヤクザになったのが多いね」

おそらく今後も、黒い交際がマスコミの話題になることはあるだろう。

（本文中敬称略）

▼「半グレ」とは何者か？

「芸人を呼べば〝秒〟で来る」
芸能人たちを籠絡する
「半グレ」の人脈とカネ

今回の「闇営業」問題で注目されたのが「半グレ」の存在だ。いったい彼らは何者で、どんな行動原理を持つ集団なのか。そして、なぜ芸能人を呼び、どうして芸能人とつながりがあるのか。 半グレたちの実態をレポートする。

文＝上野友行
フリーライター

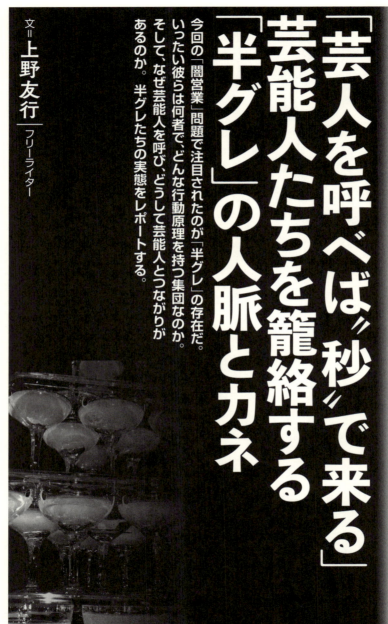

ヤクザでもなければ、カタギでもない。

凶悪犯罪を繰り返す不良グループでありながら、暴力団組織に属していないために暴対法が適用できず、昨今、一部の繁華街を中心に台頭し、社会問題となっている――そう説明されるのが「半グレ」だ。

言葉の語源には「半分グレている」といった不名誉な旨趣のほか、表社会と裏社会間の「グレーゾーン」に位置する意味合いも含まれている。だが、いずれにせよ、この不明瞭かつキャッチーな名称だけがひとり歩きしている感は否めず、当の本人たちにはその自覚さえない。

関東に拠点を置く半グレグループのリーダーA氏はこう憤る。

「僕らが本気でヤンチャしていたのは10代からせいぜい20代前半までですし、今では平和に暮らしていますから、集団で暴力を振るうような場面なんか、たましかありません。仕事的にも不動産や建築関係だったり、飲食店を経営する実業家ばかりですし、薬物を扱ったり、詐欺を働いているような寒い（笑えない）連中からはとっくに距離を置いてますからね。ましてや、報道でよく見る『暴力団の資金源になっており』なんて冗談じゃない。ヤクザの草履持ちとして働いているような連中は、ただのフロント企業や、『準構成員』でしょう」

「ヤクザに対する憧れなんかない」

ヤクザや詐欺グループと半グレでは、その構成メンバーにも大きな違いがある。前者は利益や目的をともにする人間の寄せ集めであり、縄張りや拠点こそあっても、それぞれの出身地は様々だ。

一方、後者は地元育ちのアウトローたちがそのまま集団、組織化された経緯があり、それぞれの出身地は固まっている。また、年齢層は20～30代が大半で、パッと見もその辺の若者と変わらないはずだとA氏は主張した。

マスコミだけでなくヤクザも彼らのことを半グレと呼ぶが、それは侮蔑を込めた呼称にほかならず、彼ら自身が「俺たちは半グレだ」などと自称することは皆無だと断言する。

「僕らの世代はヤクザに対する憧れなんかないんですが、ヤクザ側にしてみれば地元で顔が利いて金も持っている僕らを若い衆にしたい魂胆が見え見えなんです。近年、（ヤクザ側から）絵を描かれて罠に嵌められ、30歳過ぎて仕方なくヤクザになるような（半グレ）仲間も少なくないですよ。別のパターンとして、（半グレ）グループ内でも長年小バカにされていたような人間が立場の逆転を狙って、急にヤクザになる例もたまにあります。そうすると、ドヤ顔で若い衆連れて、半グレが経営する店に現れたりしますが、元の仲間たちからは露骨に敬遠されるのがお約束ですね」（同前）

そんな彼らが別の地元の半グレ仲間と呼び合う際は、敢えて言うなら、リーダーの名前を取って「〇〇グループ」と通称するのが一般的だという。また、もともと地下格闘技大会における活躍でその名を馳せた団体も多く、その場合はチーム名がそのまま現在のグループ名として通じるようだ。

ヤクザも頼る〝半グレネットワーク〟

地元から離れない限り、先輩後輩関係は一生つきまとうのが不良文化だ。それゆえ、ヤクザとは距離を置いて付き合っている半グレたちであっても、その多くが「みかじめ料」を拒絶できないことは疑いようのない事実だという。

その事情を関西系の半グレグループの幹部B氏が苦笑しながら語った。

「やっぱり、ヤクザになった先輩に言わせれば、自分らのような存在が守り代（みかじめ料）も支払わずにいられない繁華街でのさばっていると組への示しがつかないらしいんですね。なので、『俺の顔を立てると思って月3（万円）だけ頼む』と。これは焼き鳥屋と焼肉屋の金額で、同じく自分が経営しているキャバクラのほうは（1カ月）10万円支払っています。これについてはまぁ、文句はないんですけどね」

ただ、ヤクザ側が気を遣い「とりあえず金だけ納めてくれたら、お前のとこにはそれ以上に（お金を）落とすから」と口にし、その通り、毎月何度かは若い衆たちを連れてB氏の店で派手に飲んでくれ、収益的にはプラスとなっているという。

ところが、半グレの立場としてみれば、「守り代は黙って支払うから、店には来ないでほしい」というのが本音のようだ。

「（ヤクザの先輩は）当然、刺青も隠して来店しますし、最低限まわりの客に気を遣ってくれているのはわかるんですけど、どれだけカタギぶっても普通の団体客じゃないのは一目瞭然じゃないですか。指がない人間も何人かいるうえに、店内で平気で若い衆にヤキ入れてたこともありましたし、客層に響くんですよ。自分たちとしても、ヤクザと一線を引いているから街の若者たちに慕われているわけで、店内で親しげに話している姿なんか見られるとバツが悪いんですよね」（同前）

おまけに、肝心のケツ持ち行為についても、彼ら半グレがヤクザに面倒事を頼む場面などないという。

「どうせ、揉めた相手のケツ持ち（ヤクザ組織）のほうが大きければ何もしてくれないどころか、余計に問題がこじれるだけ。ましてや、相手側の組と口裏を合わせて『間違い（トラブル）を収めるのにいくら必要だ』なんて金銭を要求されちゃたまらないからです」（同前）

ただ、ヤクザ側が半グレの力を借りる場面は案外多いようだ。

「いちばんよくあるのが、『誰々を捜してくれ』って案件ですね。ヤクザの金庫から金を盗んで飛ぶような若い衆を捜すことが多いんですが、自分らのSNSで顔写真と実名を晒してウォンテッド（指名手配）をかければ、全国のどこからか情報が入って、だいたい見つかります。その際、『身内から金を借りまくって逃げたとんでもない野郎です』といった文面はつけないですし、ヤクザのヤの字も出しません。ヤクザからの依頼だと明かした場合は、一切情報は入らないでしょうね」

現在ではヤクザにかわり、ある意味繁華街のスターたる半グレだが、ヤクザから頼られることで、陰で苦労することもあるようだ。

「大麻」と「タタキ（強盗）」

違法ビジネスにも関与しなければ、ヤクザとも距離を置く――。およそイリーガルな行為とは無縁だと主張する半グレだが、やはり根はアウトロー。自分たちの〝倫理〟に外れなければ、ボーダーラインを踏み越えることも厭わない。

象徴的なのが大麻だ。彼らの間では「もはや日常」と呼べるレベルまで蔓延していると証言するのは、関東系の半グレグループの幹部C氏だ。

「数年前に流行った脱法ハーブだったり、覚せい剤なんてやってたら仲間内からも締め出されますが、大麻は別。朝起きてジョイント（紙巻きした大麻を）を1本、家に帰って1本、寝る前に1本吸う。ヤクザの先輩からは『そんなもん吸ってたら（効能で）平和ボケしてケンカもできなくなるだろ』なんてバカにされてましたが、俺らは小中学生の頃からずっと吸ってましたから。今やっと流行ってるじゃないですか。ようやく時代が俺らに追いついたなって（笑）」

大麻といえば若年層への汚染が社会問題化しているが、「場所を取る、手間がかかる、きついにおいがする、利益が小さい割にリスクが大きい」として長年ヤクザ業界でもシノギにならないとされてきた。子分の罪を親分にも問える「使用者責任」が認定された現在ではそれもなおさらで、「（シノギとして）扱うのも吸うのも厳禁」とする組も多いが、それにかわって大麻利権を手にしているのが全国の半グレたちだという。

C氏によれば、多くの半グレグループはマンションの一室や一軒家をまるまる改装した「大麻栽培工場」を所有し、地元の若者たちへの供給元として暗躍しているのだ。

「とくに地下格闘技団体を所有しているグループは、そのチーム名に大麻を表す隠語をつけることが増えていますね。地元警察は何しているんだって感じですけど（笑）。仲間内の誰かが大麻で捕まれば、『芋づる（式逮捕）』もあるので、みんなそれぞれが即座に逃亡するのが常識です。俺たち（半グレ）が海外旅行が多い

◉摘発される「大麻製造工場」。"大麻利権"は半グレたちが握る⁉

のはそういう背景もありますね」（同前）

そんな半グレも、年中大麻ばかり吸ってピースフルに過ごしているばかりではない。時として、彼らが暴力的な一面を見せるのが通称「タタキ」。近年、話題となった金塊などの強盗行為のことだ。

「詐欺グループにしろ、闇カジノにしろ、最近の若い連中はすぐに裏切るので『うちのボスは○○に△千万円隠している』といった内部情報が頻繁に出回るんですよ。それはもちろん表に出せない金なので、俺らも精鋭メンバーを構成して覆面被って、喜んで襲撃します。ただ、半分以上のネタはガセか罠なので1カ月くらい張り込んでリサーチしますね。強盗する相手としては、ヤクザなんかはいちばん多い案件で、最近はご法度の薬物や詐欺など、組に内緒で稼いでいる若いヤクザが多いので、そういう連中を襲ったところで組からの報復はないわけです」（同前）

正業を持ち、平穏な日常を送っている半グレが大半だというが、C氏いわく「こういう場面がいちばん燃えるんです。むしろ、たまにこうしたガス抜きでもしなければ昼間の正業も頑張れないんです（笑）」。

この発言こそが、半グレの本性を物語るものなのだろう。

芸能人を籠絡するテクニック

「俳優、スポーツ選手、お笑い芸人問わず、俺らが有名人と親密にする理由に他意なんてない。そういう方々と仲良くなって一緒にお酒が飲みたいだけ。脅すつもりなら最初からハニートラップでも仕掛けますよ」

反社会的勢力と芸能人の交際がマスメディアを騒がせるなか、こう不満を漏らしたのは関東の半グレグループの幹部D氏。

事実、多くの有名人と酒を酌み交わしてきたと語るD氏だが、仲を深める経緯は興味深い。

「知り合う場所は六本木や西麻布、恵比寿や中目黒などのバーかラウンジが多いですね。仲間や後輩が経営しているので、そういう客が来た場合はこっそり呼んでもらって紹介してもらう。もちろん刺青は隠してますし、社長としての名刺も渡しますが、警戒されるのでいきなり写真なんかお願いしないですよ。最初は連れの女の子を使って、『この子が大ファンなんで握手していただいていいですか？』といったアプローチです」

こうして店内で何度か顔を合わせるうちに距離を縮めるわけだが、半グレの気配を完全に消すことはできず、親密になるための最後の壁はなかなか取り払われないという。

だが、彼らと付き合うメリットが大きいことは時間をかけて仲良くなっていけば、有名人側も理解する。何しろ、事務所を通さずパーティ等に呼ばれる「闇営業」はもちろんのこと、半グレと関係の深いマスコミ関係者やスポンサー企業を通じて営業活動をプッシュしてもらえるからだ。

「大物プロデューサーから上場企業の取締役まで身内に揃ってますから、雑誌のグラビアからテレビドラマまで、どうにでもなる『枠』がいくらでもあるんです。こういう連中も同じ店で知り合うのですが、仲の深め

方は有名人とはちょっと違って、ズバリ女。紹介される際にきれいどころを何人か連れているだけで同じ席で飲みたがるので、用意した女を酔わせて『この子送ってくれませんか』とあてがうんです」（同前）

マスコミや企業家に多い有名大卒のエリートほど、勉強漬けで女っ気のない青春を送っているもの。こうした半グレからの接待を何度か繰り返すだけで、すっかりマブダチになれるのだ。

「より強固なつながりを求める場合は、『金玉（弱み）を握る』こともありますね。ホテルに連れ込ませた女を使って大麻を吸わせたり、キャバクラ嬢からアフターに誘わせ闇カジノに通わせたりするのが、よくやる手段。俺らのようなアウトロー上がりが芸能界への太いパイプを持つには、こうした陰の努力が必要不可欠なんですよ（笑）」（同前）

恥ずべきことだが、マスコミ業界にもアウトローとの付き合いを鼻にかける人種がいる。しかし、実情はこうして半グレの手のひらで踊らされている者が大半だろう。

人気は「Vシネ俳優」と「格闘家」

芸能界を騒がせる大騒動に発展し、今年の流行語大賞の声も高い「闇営業」だが、実際に有名人たちが顔を出すパーティとはいったいどういうものなのか。

驚きの実態を語ってくれたのは、前出のD氏。

「仲間の結婚式、（半グレ）グループのリーダーの誕生会、忘年会、個人として持っている不動産会社の売り上げランキングの表彰パーティといった場面で、『スペシャルゲスト』として来てもらうことが多いですね。呼んだら秒で来るのは、やっぱりお笑い芸人。

とくに落ち目の一発屋は鉄板で、元AV関係勤務のNはもちろん、エンタの神様の常連だったC、決め台詞が流行語大賞にもノミネートされたT、それにモノマネ芸人のAといろいろ呼びましたね。うちの場合、このクラスでも『お車代』として20万〜30万円は包みます。街で見かけたところでサインなど求めないメンツばかりですが、酒の席ということもあって、こうした面々が一芸を披露すればたいていウケるんです」

このD氏によれば、『フライデー』が報じた宮迫博之らが参加した詐欺グループの忘年会映像のように流出するのは稀なケースだという。半グレのパーティでは「写真NG」が会場でアナウンスされ、気軽に写真撮影に応じてくれた有名人の場合もSNS投稿は厳禁。写真どころか名前を書き込むことさえ禁止している。

「そういう心遣いが有名人側の信用につながると、その仲間や先輩が呼びやすくなるんですよ。さすがに、紹介の紹介で昭和の超人気コメディアンKが来た時は俺らのほうが戸惑いましたけどね（笑）。ほかの大物としては当時はまだ現役だった力士のC、その友人でプロ野球選手のKと後輩のNあたりが来てくれたときは一瞬歓声が上がったんですが、彼らのマイクが面白いわけでもないので結果的に盛り上がりに欠けましたね（笑）」（同前）

これとは逆に、確実に喜ばれるゲストが、アウトローにとってのスターであるVシネ俳優や格闘家だ。前者ではTやN、後者ではYやEが来場し、歌を披露してくれたり、腕相撲に応じてくれたりするなど、大いに会場をヒートアップさせてくれたそうだ。

また、Vシネ系ではないものの、人気アウトロー映画に出演したTとEが来た際は、半グレの取り巻きギャルたちから黄色い歓声があがったという。ちなみにこの2人はその後、いずれも逮捕・謹慎処分を受けているが、起こした事件と半グレとは無関係である。

「こうした売れっ子は別ですが、無名の時代からこういう場に呼んで小遣いを渡して可愛がり、俺らの力や人脈を利用して売れたにもかかわらず、有名になった途端に急に付き合いを避ける人種も珍しくないんです。事務所から空気でも入れられたのか知りませんが、電話番号まで変えて露骨に絶縁ですから。まぁ、週刊誌にネタを売られるのはだいたいそういうバカですね(笑)」(同前)

今回の『フライデー』を発端とした「闇営業」騒動により、半グレとの交際を遮断する有名人はますます増えるはず。結果、半グレにネタを売られ、マスコミにとっての「半グレバブル」はしばらく続きそうだ。

芸人匿名座談会

芸人A……吉本所属10年のピン芸人
芸人B……吉本所属10数年のコンビ芸人
芸人C……芸歴10年のフリーのピン芸人

岡本社長の会見を見て、「吉本への忠誠心」が崩壊した若手芸人は多いと思います

取材・構成＝金崎将敬｜フリーライター

社会現象とまでなった吉本の「お家騒動」。〝その他大勢〟の芸人たちはどう見たのか。闇営業の実態、ギャラ事情、会社への思いを告白！

見た目だけで「反社」とわかるわけがない

C（芸歴10年のフリーのピン芸人） 今回の一連の騒動、まず宮迫さんたちが「反社だとは知らなかった」って主張してることに対して「そんなわけない」って言う人がいるけど、「わかるわけないだろ！」って言いたい。今時の反社会的勢力の人って、昔みたいに指がない、パンチパーマ……そんなわかりやすい人なんていない。タトゥーが入ってる一般人なんてたくさんいるし、名前聞いたら組員だってわかるレベルの人じゃなきゃ気づけないですよ。

A（吉本所属10年のピン芸人） 見た目だけで「反社」か「反社じゃない」かを見極めるのは至難の技だよね。とくに今回、最初に問題になった宮迫さん、亮さんが出席していたイベントって、「暴力団」じゃなくて地下に潜ってきた「半グレ」集団が主催した会だから余計に難しい。事前にしっかり調べていれば……ってどうやってチェックすればいいんだろう。いちいち「反社じゃないですよね？ 仕事何してますか？」って根掘り葉掘り聞くなんて実際、無理じゃないですか。

B（吉本所属10数年のコンビ芸人） 反社の境界線がそもそも曖昧ですよね。「暴力団排除条例（暴排条例）」だって半グレのことは含んでないから、条例違反でもないはずだし。問題になった宮迫さんたちのケースは、相手がオレオレ詐欺グループだったけど、数時間一緒に飲んだだけでそこまでわかったら凄いって。

A 反社はレベルが上がれば上がるほど、フロント企業もしっかりつくってるし、わかりにくくなってる。半グレはビジネスがうまいから、ホームページだけ見るとダイエット食品とか健康食品を販売してたり、ちゃんと「会社」やってるじゃないですか。いちいち営業先の法人登記調べるとか、毎回、興信所でも使ってチェックしろとでもいうのかな。

C 入江さん主催のイベントに反社がスポンサーになっていたっていう話も、単純に吉本の見抜く力が足りなかっただけだと思う。当時はチェックするという発想も薄かったんじゃないかな。まあ、それが会社の怠慢だっていうならそうかもしれないけど、それぐらい「フロント」はしっかりしているからね。仮にほかの事務所だとしても判別できなかったはず。

A　でも、入江さんは反社だってわかっていたと思います。だから入江さんはバッサリ切られた。いろんな芸人さんを紹介して、直接やりとりしていたわけじゃないですか。数時間飲んだぐらいではわからなくても、やっぱり、しっかり話したら胡散臭いな〜とは思いますよ。実際、僕も呼ばれた営業先で「お？」ってなったことは何度もある。

ギャラは通常の倍以上羽振りが尋常じゃなくいい

C　それはどこで、そう思うの？

A　羽振りが尋常じゃなくいい。ひとつ芸をするごとにギャラとは別にチップが1万円、2万円飛び交う。それも複数回ですよ。いくら酒の力で盛り上がってるとはいえ、使うお金の額が桁違いですから。仮に一般企業に呼ばれたときのギャラが10万円だったとして、そういう怪しいパーティでは僕みたいな売れてない芸人でも倍以上のギャラもらえたりする。ありがたいから行きますけどね。

あとは反社の人たちも酔っ払ってくると、ポロッと仕事絡みのことを漏らしたりするんです。「お前こないだ〇〇でこんだけ儲かっただろ？」って、冗談まじりの会話のなかで察するというか。

B　あと飲み方でもわかりますよね。グイグイくるし、勢いがエグい。普通の企業だったらありえないよねっていう絡み方をしてくる。で、怪しいなあと思って観察すると若いわりに服装とか身につけてるものは高級品だし、そっちの人かなとだんだん気がついてくるわけです。

C　でも知らずに現場行って「あれ？　そっちの人？」って疑問に思ったとしても、そこで毅然《きぜん》と帰れるかって言ったら難しいよね。事前に発注されてお金も発生してるわけだし、「仕事」として行ってるんだから、声をかけてくれた人の顔を潰すことにもなる。芸をやってもギャラを受け取らないっていうのがせめてもの防衛策かなと思うけど、それも相手に失礼じゃないですか。「反社とはつながれないんで帰ります」なんて言ったら、それこそ一生帰れなくなるんじゃ……。

B　義理人情が通じない分、暴力団より半グレのほうが怖いって話もよく聞きますしね。そもそもキャバクラとか水商売系の店には半グレが関わってる確率が高いから、防ぎようがない。関東連合とかは「芸人来たら、すぐ連絡して」ってキャバ嬢とか店側の人間に言ってるらしいじゃないですか。連絡来たら店行って話しかけてヨイショして飲ませて……いい女抱かせてつながり持たせちゃえば、もう一丁上がり。女に写真撮らせれば、それでネタもできるし。

A 渋谷のクラブAとか半グレ集団がつくった場所だしね。暴排条例のせいで暴力団がやりづらくなって、逆に半グレが幅を利かせてるっていうのはあると思う。そういえば昔、よくしてもらってるキャバクラのオーナーに「お世話になってる社長の誕生日パーティに来てほしい」って呼ばれて営業に行ったら、そっちの人だらけだった……っていうことがあったけど、普通に営業して帰ったなあ。自分の知人の知人まで調べるなんて現実的に不可能だね。

だから今回、問題になっている宮迫さんや亮さんたちに対しては運が悪かった、とみんな同情的。宮迫さんレベルだからこんな騒動になっちゃったんだろうけど。僕が半グレと飲んでもなんのネタにもならないし。

C 宮迫さんも途中で気づいたかもしれないけど、最初は本当に知らなかったんだと思う。あのクラスでお金につられてリスクを冒すとも思えないし……。入江さんのことは可愛がってたみたいだし、素直に信用してしまったんじゃないかなあ。

有名芸人がいなくて〝スルー〟「診療報酬不正請求」事件

A 穿《うが》った見方だけど、昔やってた『芸人報道』（2010～14年、日本テレビ系）という番組も、宮迫さんが営業で恩がある入江さんを番組にねじ込んだのかな？って思っちゃった。それぐらい入江さんは不自然な並びだったから（笑）。

今回の事件には関係ないけど、〝セクシー女医〟として活躍してた脇坂英理子が診療報酬不正請求事件で逮捕された件も、吉本芸人が何人も関わっていた。あれはヤクザが指示して吉本の芸人たちを患者役として投入し、詐欺に加担させていた。中心になっていた「しあつ野郎」さんはモノマネ系のピン芸人だから、営業先とかでそっちの人脈を築いていったのかな……。

B 「報酬が出るからと、知り合いに頼まれて受診しただけなのに」って芸人たちは驚いてたみたい。でも、犯罪の片棒を担いだわけだから闇営業よりよっぽど悪いと思う。有名芸人の名前が出なかったからまったく話題にも上らずに終わったけど。

でもそも、宮迫さん亮さんのやつも、4年前のパーティがなんでこんな大騒動に発展したんだろう。

A 聞いた話だと、写真に写ってたオレオレ詐欺グループが警察に捕まって、メンバーだった人間がカネがなくなって困ってたらしい。で、知り合ったある記者に写真を渡したら、記者がメディアやネットで話題になっている元ヤクザに相談をした。それでその周りの人たちが金にしようと考えて、妙な動きをしたとか、しないとか。

C 宮迫さん、亮さんの契約を解消したのは、リスクヘッジ的な意味もあったんじゃないかな。吉本の上層部にとって反社とのつながりはタブーなわけだから。歴史的に吉本の創業家が山口組とズブズブの関係だったことは有名な話。でも、2009年に社長になった大﨑さんが、徹底的な〝ヤクザ追放〟、つまり創業家のパージを行った。そして、反社会的勢力の影響力を断ち切るために「非上場化」までしてるんだから。

B でも、6000人の吉本芸人を、どこまでマネジメントできるかっていったら、まあ難しい。だからこれまで芸人たちの「直営業」も黙認していたんだろうし。じゃなきゃ、みんな食えないんだから。

この騒動のあとに、コンプライアンスについての説明会みたいなので招集されて、何度もヤクザや薬物関係について言われたけど　それだって過去の過ちまではもうどうにもできない。

若手芸人たちの「吉本への忠誠心」が崩壊

A そもそも「闇営業」って言い方が悪いですよね。反社を相手にする「闇営業」と一般の「直営業」はまったく別物だけど、メディアを見てるとごちゃごちゃになってる気がする。とくに吉本は、芸人だけで生活するのは難しいから9割ぐらいはバイトしてるし、そりゃ事務所を通さない営業も行きますよ。吉本で稼ごうなんて最初から思ってない。

ギャラがどれだけ安くても吉本にいるのはオーディションの機会がたくさんあるし、知名度も上がりやすいから。最初から直営業で稼ぐ気満々ですよ！

B 吉本通してない仕事っていうだけで、「直営業」自体が悪みたいな言い方されるのは違和感がある。みんな生活するためにやっていること。だからってじゃあ「直営業」せざるをえない吉本ってどうなの？っていう議論も僕はまた、ちょっと外れてんなあと思うけど。

C 今ツイッターで「吉本のギャラはこんなに安い！」って明細公開してる人とかいるけど、あれで「吉本はひどい、ブラック！」って言うのは違いますよね。売れてる人が言うなら理解できるけど、声を上げてる人ってみんな……（苦笑）。売れてない人の生活保障するほど甘い世界じゃないでしょ。

A この事態に便乗して売名しようっていう魂胆なのかな？

B いや、ガチなんだと思います。本当にずっと会社に対して溜まってた不満をぶちまけてるだけ。でも言いたいことが理解できる部分もあるんですよ。社長は会見でギャラについて「ざっくりとした平均値で言っても5対5から6対4」とか言ってたけど、そんなわけないだろ！ってことは多い（笑）。売れてる方々はちゃんともらってると思うけど、吉本のギャラって不透明で、芸を披露するだけじゃなくて細かな雑用的な仕事も多いんですよね。ADみたいな裏方をやらされるときもあって、丸一日拘束でギャラが出るのかすらわからない日もある。だから2カ月後に「あの時のギャラ、ちょっとだけど入ってたラッキー！」ってむしろ入ってたことに感動します。でもそれも全部「まあ吉本だから」ってネタにして笑ってた。

A 根本的には吉本っていう事務所が好きな芸人が多いと思うんです。尊敬できる先輩方が多いし、先輩たちにみんなご飯から何からお世話になってるっていうことも大きいし。これまで「まあ吉本だからしゃーない」って目をつぶれたのも、それこそ社長が言うようにファミリーだって信じてたから。信じたかった部分が大きい。でも今回の騒動で宮迫さん、亮さんがアッサリ切られるのを見て、その吉本の唯一のよさだと思い込んでた「義理人情」的な部分すらないのか、ってみんな裏切られた気持ちというか……ショックを受けたんですよ。

B 「契約書」云々なんて、正直、吉本芸人の自分としては今さらどうでもいいんだけど、まあそこだけ都合よく「人間関係がベースで」とか言われても、「もう納得いきませんよ」って話なのかな。やっぱりあの岡本社長のグダグダ会見のせいで、不満を抑えて持ち続けていた「吉本への忠誠心」が崩れて目が覚めたっていう芸人は多いかもしれない。

A　「テープ回してないやろな」も、あの社長なら恫喝としても言いそうだし、冗談としても言いそうだし。どっちにしろスベってるけど（笑）。信頼関係が築けてないから、なおさらこじれちゃったんでしょうね。

B　これだけ時代にそぐわない古い体質を引きずっていると、若い子とかは吉本にも芸人の世界にもどんどん入って来なくなる。実際、今、養成所に入所する若者も凄く減ってるし……。あの会見を見たとき、「吉本という会社は終わるかもしれない」っていう本気の危機感を感じましたね。それは、僕だけじゃなくて若手の芸人は、すべて感じたんじゃないでしょうかね。社長にしたら、「辞めたきゃ、辞めろ」ってことなのかもしれませんが。

ヤクザと芸能界

第2章 侵食

▼版権トラブルで「銃弾」騒動も

巨額マネーをめぐる攻防 音楽業界の中枢に 巣食う「反社」の実態

ヤクザとは切っても切れない密接な関係にあるとされる音楽業界。巨額マネーが動く業界ではトラブルが絶えず、闇社会の住人が「守護神」となっているケースも多いというが……。

文＝大山 糺
ジャーナリスト

1人（1組）のアーティストがひとたび人気を博すと、ねずみ算式にファンの裾野が広がり巨額マネーを生み出す音楽業界は、演歌全盛の時代から暴排条例の施行に至るまで、ヤクザとは切っても切れない密接な関係がある。過去には、血で血を洗う既得権益の奪い合いが繰り広げられたこともあった。

今でも語り継がれている奇妙な出来事がある。

2001年の5月と10月、二度にわたり東京・赤坂にある大手芸能プロダクションB社に銃弾が撃ち込まれたのである。

「不思議なことにB社は警察に被害届を出すどころか、事態を黙殺。スポーツ紙などのマスコミは芸能界に影響力を持つB社に忖度し、一切報じようとしなかったのです。その後、事態はうやむやのまま収束し、真相は闇に消えてしまった」（音楽業界関係者）

人気バンドと「銃弾」騒動

その発端となったと囁かれているのは、2000年代に爆発的なブレイクを見せた人気バンドGである。ある暴力団関係者がその舞台裏の一端を明かす。

「当時、B社とGの所属事務所Uの間で版権トラブルが発生していたのは、あまりに有名な話。U社の社長のバックには住吉会の大物右翼がいて、危機感を覚えたB社の社長は元関東連合メンバーをボディーガードに据え、さらに山口組系の大物組長など、ややこしい筋が入り乱れるようになり、事態は収拾がつかなくなっていった」

Gは1994年、ポリドールレコードからメジャーデビュー。そのデビューに際し、インディーズ時代に所属していたレコード会社の代表であるX JAPANのYOSHIKIが次のようにアドバイスしたという。

「これから芸能界でやっていくには、オヤジと関係を深めたほうがいい」

YOSHIKIが〝オヤジ〟と呼ぶ人物こそ、芸能界のドンとして多大な影響力を持つB社の社長だった。その後、GはB社の関連会社と音楽契約を提携。強力な後ろ盾を得ると、CMやドラマ主題歌のタイアップの仕事を次々獲得し、瞬く間にスターダムにのし上がっていった。だが、01年、事態は急展開を迎える。

前出の暴力団関係者が証言する。

「音楽出版権を持つB社の関連会社に対し、Gの所属事務所Uが著作権の確認を求める訴訟を提起したのです。実際、Gのメンバーからは『どれだけCDを売り上げても俺たちにはあまり還元されない』という不満を持っていたそうです。裁判の結果、著作権はU社に帰属するものと認定された」

そんな渦中の銃撃だっただけに当時、様々な憶測を呼んだが、いまだ真相は明らかになっていない。このGをめぐる金銭トラブルには後日談がある。

「05年、今度はGがU社を相手取り、ギャラの支払いを求める訴訟を提起したのです。結果、U社はGに対し、6億円を超える未払い分の給与の弁済をしなければいけない事態になった」(同前)

その頃、Gのメディアの露出は激減している。その理由について前出の音楽業界関係者が解説する。

「それこそテレビメディアの忖度です。つまり、『大手事務所と裁判で揉めたGは要注意物件として起用してはいけない』という暗黙の了解が浸透してしまったのです。ところが、Gはそれに屈するどころか、楽曲の原盤権や映像原版、ファンクラブ運営の権利などをバンドメンバーの個人会社が買い取る交渉を行い、07年までにはすべての作品の権利を得ることができた。まさにGは音楽業界にあって独自の地位を築いたのです」

「X JAPAN」と暴力団

Gに限らず、ヴィジュアル系バンドの闇の深淵は底が見えない。前述したようにGの兄貴分として知られるX JAPANの利権には魑魅魍魎《ちみもうりょう》が入り乱れている。

2010年8月、芸能界に巣食うある人物が大阪府警捜査4課に逮捕された。容疑は、引越業界大手アートコーポレーションの寺田寿男前会長に対して架空の訴訟を起こし、約19億円を騙し取ろうとしたというもの。この人物は、X JAPANの所属事務所の社長だったという。

「元暴力団組員で芸能事務所代表・高野一男ですよ。高野は（同年）3月、自らが代表を務める芸能事務所に所属する未成年の女性タレント2人が寺田前会長と性的関係を持たされ、精神的ショックを受け芸能活動ができなくなったと偽り、金を騙し取ろうとしたのです」（捜査関係者）

X JAPANをめぐっては、過去にも暴力団関係者にまつわるトラブルが相次いでいる。06年末、自称音楽プロデューサーのT氏が「X JAPANのToshIとYOSHIKIが再結成する」という架空話をイベント会社に持ちかけ、契約金として約3億5000万円を騙し取った事件が発生した。

X JAPANと関係の深かったメディア関係者が証言する。

「そのT氏の力の源泉は、住吉会系の右翼とベッタリということ。要するに、住吉の〝フロント〟なんですよ。実際、ToshIと関係は深く、（イベント会社側は）T氏を信頼しきっていた。ところが、その後、T氏は傷害容疑で逮捕。疑念を抱いたイベント会社社長がT氏の通帳残高を調査したところ、その大半がなくなっていたといいます。これは氷山の一角で、X JAPAN周辺には常に有象無象の輩が入り乱れているんですよ。意思決定のトップがYOSHIKIで、まずは彼を説得しないと始まらない。それにメンバーそれぞれにT氏のようなややこしい人間がついていて、すべてを合意させるのは相当骨の折れる仕事なんです」

「ASKAちゃんは無防備だから」

一方でミュージシャン個人がヤクザと密接な関係を自ら築いてしまうケースも少なくない。

2014年、覚せい剤取締法違反容疑で警視庁組織犯罪対策5課に逮捕されたミュージシャン・ASKAはその典型である。逮捕のきっかけとなったのは、13年に『週刊文春』が報じたASKAに関する薬物使用疑惑だった。

「ASKAは長年、北海道の暴力団幹部から覚せい剤を手に入れ、使用していたとするものでした。13年当時、ASKAはその幹部に覚せい剤使用を裏づける動画を隠し撮りされ、それをネタに多額の金銭をゆすられていたというのです」（週刊誌記者）

　にわかには信じがたい事実だったが、13年10月17日号の『週刊文春』では、ASKA本人のインタビューを掲載。山口組弘道会系組員の山本（仮名）との出会いを次のように語っている。

〈山本は去年一月、ある北海道の漁業関係者に紹介されたんです。札幌でお酒を飲んで、仲間うちでワーワーやっているなかに山本がいたわけですよ。彼は『東京で音楽事務所をやっているんです』と言っていた。彼は釧路出身の同い年で、高校時代はアイスホッケーの特待生。僕も高校時代は千歳に住んでいて剣道の特待生だったこともあって、トントン拍子に話が弾みました〉

　だが、馴れ合いの関係を続けていくうちに事態は暗転したという。

〈彼が僕のところにそのDVDを送ってきたんです。同時に『ASKAちゃんは無防備だから、芸能界にはこういうことがあるということを教えたかったんだよ』っていうメールも来た。そういうもの（覚せい剤）が写っているって書いてあったんで、確認して認めてはいけないって意識があって、僕は見もせずにハサミでバリバリに切って捨てちゃいました〉

　まさにASKAは山本の食い物になったのだ。少々長いが、引用してみよう。

〈実は、あの動画を撮られた後、山本から『五千万、貸してくれ』と言われて『貸せない』と言ったことがあったの。そうしたら、『だったら、覚せい剤って言うぞ』と。（中略）それでも断ったら『じゃあ、三千万貸してくれ』と。それから彼とは一切連絡をとらなくなった。（中略）何度も『ビデオをばら撒くぞ。これが出たら困るだろう。テメーなんで電話出ない』って言われて。心象の問題もあるので、たまには電話に出て対応しましたよ。山本は後になって、『実は、組

◉暴力団員から覚せい剤を入手していたＡＳＫＡ。その組員とはのちに金銭トラブルに

のお金を三千万円、五千万円使い込んでしまった。殺されるかもしれない』と言うんです。山本と最後に会ったのは今年の五月。『テメー、シカトする気か』って、あまりにメールが来るから一度だけ食事しようとなって東京都内の飲食店で二人で食事したんです。これが最後ですよ〉

暴力団幹部とズブズブの関係を築いた末、週刊誌に疑惑を報じられ、しまいには警察に逮捕されるという事態を招いたのだ。

愛車のナンバーが「5910(極道)」

一方で、ミュージシャンのなかには、ヤクザに憧憬を抱き、自ら接近して関係を築き、いわば虎の威を借る連中が存在する。男性ミュージシャンGの所属事務所の元スタッフが証言する。

「Gは毎年、ファンクラブ限定の学園祭エンターテインメントツアーを年末に催すのですが、年によってはまるで客が集まらず、結局はサクラで埋めるのです。サクラを手配するのはGのタニマチ連中ですが、その中心人物は名古屋の風俗王。当然、地元ヤクザを動員するわけです。ある年は、五代目山口組組長の娘さんも遊びに来ていました」

Gは「G一家」と名乗るほどの極道好き。愛車のナンバーが「5910(極道)」というのは、ファンの間で語り草になっている。

「同じくヤクザ好きとして知られる元プロ野球選手Kさんは、品川からの新幹線で名古屋までは弘道会のストラップ。名古屋を超えると山健組のストラップに替えるそうですが、Gだって同じようなもの。(山口組の代紋である)菱形のストラップを付けていた時期もあった。Gが弘道会と親密な関係を築く一方で、彼と二人三脚でビジネスをやってきた元所属事務所幹部は神戸山口組と縁が深い。事務所内では『俺のバックは……』なんていう会話がしょっちゅう聞こえてきました」(同前)

だが、そんなGの周囲には金銭にまつわるトラブルが絶えない。

Gが仮想通貨を使ったICOプロジェクト（＝イニシャル・コイン・オファリング。いわば仮想通貨によるIPO）への参画を表明したのは、2017年12月末のことである。その約1カ月半前、インターコンチネンタルホテル大阪のクラブラウンジに登場したGは、こう熱弁を振るったという。

「内容によっては5倍のお金になると思います。（中略）馬から車に変わる時代なので。『いや、俺は馬でいいよ』という人には興味のない話でいいんだと僕は思うんですよ！」

参加者のひとりが当日の様子を呆れ顔で振り返る。

「Gは夢を持たせるような言い方しよるんですわ。『これはメンバーしか扱えない案件なんです』『1000万円を入れたのが2億円とかなっているんですよ』って」

そんなGの多大な尽力もあり、GのICOプロジェクトには莫大な資金が集まった。

「GのICOプロジェクトは、プロ野球選手や有名女性ミュージシャンもかなりのお金を出し、総額200億円以上を集めましたが、翌年5月の上場直後、大暴落。Gは広告塔というより、プロジェクトの実質的な発起人。実際、上場直後にGを含む発起人は約7000万円を売り抜けていることがわかっていますが、Gは出資者に対し、『自分も被害者なんだ』と言い訳に終始している」（GのICOプロジェクト関係者）

現在、そんなGの二枚舌に怒り心頭なのは、プロジェクトに出資した山口組系幹部だという。

（本文中敬称略）

▼アダルトビデオ業界〝最大のタブー〟

AV業界を完全支配した「関東連合」OBによる〝恐怖支配〟の全内幕！

2016年に「AV強要」問題が明らかになり、翌年には100人を超える逮捕者が出たAV業界。しかし、内からも外からも「反社会的勢力の排除」の声は一切聞こえてこない。元関係者が業界最大のタブーを告白する。

文＝谷山二郎
元AVメーカー勤務

写真はイメージです。本文と関係ありません

2016年に「AVへの出演強要」（AV強要）が社会問題となり、17年には100人を超えるAV関係者が逮捕されました。アダルトビデオ業界（AV業界）は人権団体だけでなく、自民党、公明党、共産党と与野党関係なく永田町からも大々的に批判され、現在はAV強要を罰する議員立法が準備されている最中です。

AV業界は危機的な状況に陥り、業界団体である「知的財産振興協会」（略称：IPPA）はAV人権倫理機構を設立、女優の自己決定権を守って撮影、販売する「適正AV」なる指標をつくりました。AV関係者は業界のホワイト化、ホワイトブランディング化に必死ですが、「反社会的勢力の排除」に関しては、新卒を採用するような大手メーカーも、大手流通も、AVを批評する文化人も、誰も口にしません。

なぜなら、反社会的勢力（反社）はAV業界に必要不可欠な存在であり、反社の存在がなければ成り立たないからに他なりません。

――こう話すのは、1990年代からAV業界に携わってきた谷山二郎氏（仮名）。谷山氏はAVメーカー、AV制作会社、アダルトメディアなどで多くの仕事をこなし、AV業界の栄枯盛衰を目撃してきたという。数年前に業界から足を洗い、現在はまったく別の業種の仕事に就いている。今回この谷山氏に、ほとんど報道されることのない、AV業界と「反社会的勢力」との関係を、絶対匿名を条件に語ってもらった。

AV業界と反社の具体的なつながりや内容を解説する記事は、ほとんど存在しません。ネットを検索しても、出てこないはずです。

AV業界は「村」「狭い村」などとよくいわれます。業界内部からリアルな情報が漏れないのは、「業界内部の情報を外に漏らしてはいけない」という村の掟があり、関係者がそれを従順に守っているからです。AV業界では暗黙の了解でジャーナリズムが禁止されており、「現実」を書くことが許されないのです。

AV業界に足を踏み入れると、誰もがまず内部の情

◉ＡＶ強要問題は政界にまで波及。ＡＶ出演強要問題対策会議での菅官房長官

報を漏らさないことを上司に指導されます。その掟を破ると、脅される、恐喝される、暴行されるなどの「制裁」が待っています。

実際に何十人、何百人ものＡＶ関係者が大きな被害に遭っており、〝恐怖で産業を統治する〟という手法が機能しています。掟を破った人間を徹底的に制裁することで「誰々がケガをした」「誰々が恐喝された」などの情報が業界内に広まり、関係者は恐怖で身を引き締める、という構図です。

ＡＶ強要が社会問題化したとき、業界内から誰一人として声をあげる者はいませんでした。それは徹底した恐怖による統治が成功している、成り立っているという証明に他ならないと思います。

有名メーカーでさえ「ズブズブ」

では、ここでＡＶ村にいるのは誰か、ＡＶ業界関係者とは誰かを定義しておきましょう。

カメラの前に登場する「ＡＶ女優」「ＡＶ男優」「Ａ

V監督」のほか、「IPPAに加盟するAVメーカー」

「AVメーカーの下請けである制作会社」「AV女優のプロダクション（AV専門のスカウト）」「AV専門誌、AV専門サイトの編集部」「AVを取材するライター」「AV専門に近いカメラマンやヘアメイク」あたりは、生粋のAV関係者になります。

DVD販売店、スカウトマン、素人汁男優、エロ本編集部、無修正の違法サイトなども、AV業界に近い場所で活動をしていますが、ここで説明するAV業界関係者の定義からは外すことにします。

もうひとつ、アダルトビデオの定義も必要ですね。現在、必死にホワイト化をはかっているIPPAに加盟するAVメーカーが、AV人権倫理機構のルールに則ってキャスティング、契約、撮影し、審査に通過して商品化（DVD、ブルーレイ、配信）されたものを指します。

海外にサーバーを置く違法な無修正サイトにもAV業界関係者が多数関わっていますが、ここではいわゆる「合法メーカー」「表メーカー」が制作する商品をアダルトビデオとして話をお伝えしていきます。

合法メーカー、表メーカーはもちろん、有名メーカーであっても反社との関係はズブズブなので、違法メディアであれば、「もう、わかりますよね」という話です。

創成期に暴力団から資金援助

アダルトビデオは今から36年前の1983年頃、自販機本出版社やビニ本出版社が制作したことが始まりです。正規の取次流通に頼らないアンダーグラウンドな出版社が、「動くビニ本をつくろう」と始めたもので、ビデオデッキの普及とレンタルビデオ店激増の時期と重なり、AVは爆発的に売れました。あっという間にAVは世間に知れ渡り、日本全国のレンタルビデオ店にアダルトコーナーが誕生しました。

当時は「日本ビデオ倫理協会」（ビデ倫）の審査を通過した商品がアダルトビデオであり、ビデ倫審査の商品だけがレンタルビデオ店に流通していました。ビデ倫AVは、いわゆる〝本番〟がなかったことから合法と世間からは認知されました。大手一般企業の参入のない、極めて利益率の高い夢のような産業だったのです。

AV業界と反社の最初のつながりは、産業創成期に〝暴力団の資金が入っている〟ことにあります。

創成期前夜、歌舞伎町では裏本や裏ビデオが1万〜3万円という高額な価格にもかかわらず、飛ぶように売れていました。歌舞伎町で裏本、裏ビデオを販売するのは生粋の暴力団組織です。それらの販売収益は税金のかからない地下マネーということもあり、裏ビデオ組織は濡れ手で粟の状態でした。儲かりすぎていました。お金があまりまくっていたのです。

そこで、暴力団組織が合法のアダルトビデオメーカーを立ち上げたい起業家を相手に、高利貸しを始めたのです。

アダルトビデオは極めて高い利益率がのぞめる夢のような産業でしたが、撮影から審査、発売、入金までのスパンが長く、費用を投入して制作しても入金まで10カ月はかかるといわれていました。

メーカー立ち上げには最低でも1億円は必要といわれていて、その資金を暴力団が貸し付けたのです。成人向けの商品しかないAVメーカーは「有害業務」と評価されるため、金融機関からお金を借りることも、株式を上場することもできません。

老舗のレンタル系AVメーカーには、AV好きならば誰もが知る有名メーカーがたくさんあります。具体的な名前は避けますが、錚々たるAVメーカーが暴力団に資金供給を頼っていました。

「流出裏ビデオ」は借金のカタ

しかし、AVは抜群に儲かる産業とはいえ、みんながみんなうまくいくわけではありません。返済が滞ると、暴力団から撮影済みテープやモザイク処理前の無修正版の納入を迫られます。それが1990年代前半から中盤に大流行した「流出裏ビデオ」です。様々なメーカーの作品が流出しましたが、大量に流れたものは借金のカタとして脅されて奪われた映像だったわけです。

本当に様々な人が暴力団からお金を借りていましたが、一番大変そうだったのは業界内で超有名なＡＶプロデューサーＡ氏でしょうか。

メーカー経営に失敗したＡ氏は、すべての撮影素材を裏に流しても借金を返済できませんでした。地下経済ですから、破綻しても一切の法律は適用されません。自己破産で免責というわけにはいかないのです。

追いつめられたＡ氏は、ある日を境に髪の毛が全部抜けてしまいました。重度のストレスからか1本残らず抜けてしまって、完全なハゲ頭となってしまったのです。経営破綻しても、暴力団や取引業者からの返済の要求や支払いの催促は止まらず、ＡＶ業界各方面からは裏流出の責任を問われ、八方塞がりになったのです。

最終的には知人や女を頼って地方に夜逃げしました。強引に借金を踏み倒したのです。

ちなみにＡ氏は20年以上が経った現在、ある地方都市で暮らしています。歌舞伎町のある東京に戻ることができないのです。

業界自体が法律的に「グレー」

ここからが本題になります。ＡＶ業界が、まがりなりにも社会に生きる一員として「反社会的勢力の排除」をどうしてもできないのは、ＡＶ業界そのものが法律的にグレーという理由があります。

というのは、どれだけ女優の人権に配慮しても、本番行為をするＡＶ女優を斡旋するＡＶプロダクションは、あらゆる労働法に違反しているといえます。解釈によっては売春防止法にも該当しますし、女優とトラブルが起これば強姦（強制性交等）罪や強要罪、傷害罪、暴行罪などにも問われかねません。コンプライアンス的にボロボロであり、ただ普通に働いているだけでも、いつ誰が逮捕されてもおかしくないのです。

ＡＶプロダクションで働く当事者たちは、自分たちの業務がグレーであることを承知で就業し、組織を運営しています。確信犯的に違法行為をしているといわれても仕方がないわけです。まともな人、普通の人はなかなかそんな仕事には就けません。

ＡＶプロダクションで働く人々の出身や属性をあげていきましょう。ホスト、高利貸し、闇金融、ヒモ、スカウト、風俗経営、ヤクザ、暴走族、チーマー、詐欺師、風俗嬢、ＡＶ男優、ＡＶ女優などなどで、大前提として普通の人はほぼいません。

ＡＶは、ずっとなんでも売れるユルユルな状況が続いていましたが、90年代後半、レンタル（ビデ倫）VS.インディーズ（ビデ倫以外、セル）の戦いが起こりました。レンタル系に多かった暴力団に資金を依存するメーカーはどんどんと弱体化し、インディーズと呼ばれたＤＭＭやソフト・オン・デマンドなどの一般企業の色が強いメーカーが力をつけるようになりました。そしてＤＭＭやソフト・オン・デマンドはアダルトコンテンツの制作だけでなく、流通も牛耳っていきます。

インディーズＡＶの売り上げは右肩上がりに伸び、インディーズメーカーには大学新卒で就職するような若者も現れるようになりました。ＡＶ業界は楽に儲けたい魑魅魍魎《ちみもうりょう》ではなく、一般人が働く産業になったのです。

メーカーもコンプライアンスを考える時代になりました。なんでも売れる時代が終わるとメーカー間、女優間で競争も起こるようにもなりました。生き残るためには一般企業化と、商品の質の向上は絶対条件となったのです。

半グレ化するＡＶプロダクション

アダルトビデオの根幹となるのは、暴力団の資金に依存するメーカーだろうが、大卒の若者が就職するメーカーだろうが、結局のところカメラの前で脱いでセックスしてくれる女優の存在です。どんどん質のいい女優をデビューさせないと潰れてしまいます。

表向きは合法であるＡＶ業界では、制作・販売はメーカーが、グレー業務である女優の発掘、斡旋はプロダクションが、という具合に役割分担をしています。

違法行為とも取られかねない業務のAVプロダクションへのアウトソーシングは、メーカーの一般企業化でさらに明確になりました。

そして、グレー業務を担うプロダクションは完全に違法な存在であるスカウトマンを囲い込み、または提携して、日本全国で日々女優の発掘をするようになりました。路上でのスカウト行為は各地方自治体の条例で厳しく禁止されています。スカウト行為は完全な違法行為であり、地域の暴力団組織にお金を支払わないとスカウト行為ができない、という時代はずっと続いていました。

ここで半グレの定義も見ておきましょう。「暴力団に所属せずに犯罪を繰り返す集団」とされています。要するにAV女優の発掘、斡旋、管理は犯罪の要素を含んでいるので、AVプロダクション関係者とスカウトマンは全員半グレといえるのかもしれません。

実際、グレー業務を生業にするAVプロダクション関係者とスカウトマンは、地域の不良グループ出身者が多いのです。

どこの地域でも暴力団以外の組織やグループで、もっとも力があるのは暴走族になります。暴走族は15～18歳という高校生と同じ年齢を現役とする反社会的な未成年のグループで、中学卒業後の3年間を暴走族として違法活動をやり切ると、地域の不良の間では名前が知られ広く認知されます。地元で力を持ち、大きな顔をしても誰も文句を言いません。

暴走族出身者は反社会的組織の中ではエリートであり、まず地元暴力団から稼業入り勧誘の声がかかります。未成年時代に犯罪一色で過ごしてきた猛者でも、暴力団組織への加入は覚悟と勇気がいることで、腹をくくってその道に進む者は一部です。反社の排除が本格化しているここ数年は、極めて一部になっているはずです。

暴走族卒業後の暴力団以外の進路は、東京だと振り込め詐欺、闇金融、水商売、芸能プロダクションなどで、そのなかの選択肢のひとつとしてAVプロダクションやスカウトマンの道が開かれています。

大手と呼ばれる力のあるAVプロダクションで、暴走族出身者が創業者や経営者のケースは多く、創業者や経営者の出身地域の暴走族卒業生や元不良少年が、地元の先輩に誘われて続々とＡＶ業界に足を踏み入れ、ＡＶプロダクションのマネジャーやスカウトマンになるのです。

「暴走族の論理」が業界の正義

ＡＶ業界では、女優が売り上げを左右する根幹なので、ＡＶプロダクションの論理が中心になって動いています。要するにＡＶ業界は「暴走族の論理」が業界の正義となっているのです。

暴走族の延長なので暴力は日常です。所属女優は彼らの金のなる木、財産であり、メーカーは彼らに出演料を支払って、頭を下げて彼らの財産を借りるという考え方です。

大切な財産を借りるＡＶメーカーは、彼らとの約束を守らなければなりません。反故にされることがあれば「制裁」が加えられます。

ＡＶプロダクションがもっとも困るのは女優に辞められることです。常に目先の利益が優先される業界なので、騙されて出演したり、適正な出演料をもらえずに搾取されたり、みたいなことは日常です。裸になった女性たちの境遇は様々で、出演強要など悲惨な境遇に置かれている女性はたくさんいました。

しかし、どんな現実があっても、女優たちに出演料のことなど、ＡＶプロダクションがマイナスになる情報を与えることはご法度になっています。

そして、トラブルの最悪のケースは監督や男優、スタッフがＡＶプロダクションから借りた女優と恋愛関係になって、女優が辞めてしまったようなケースです。損害を与えた当事者は、プロダクションに呼び出され暴行を加えられたり、恐喝されることがあります。

もし仮にこのようなことが一般社会で起これば、警察が動く犯罪行為のど真ん中ですが、ＡＶ関係者は捉として警察には行かない、頼らないという前提があり、どんなトラブルも当事者同士で解決する、いわば〝治外法権〟となっているのです。なので、村の掟を破っ

◉女優を供給するプロダクションがカースト最上位

た者に対する制裁は日常（的）になります。

もっとも被害に遭うのは女優と直接セックスをする仕事で、業界内での立場が低く、でもお金は持っている人気男優です。

あまり知られていませんが、AV業界でもっとも稼ぐのはフリーで活動して、誰にも搾取されない男優です。なので、一般ユーザーに名前を知られているような男優は、ほとんど全員が一度はAVプロダクションによる被害に遭っているはずです。脅され恐喝され、ひどいケースだと集団リンチに遭います。血まみれにされます。

プロダクションからの金銭の要求を拒絶すると、メーカーに圧力がかかり、その男優が仕事をできないようにに業界をあげて動きます。メーカーもプロダクションの犯罪や暴力に加担（圧力に協力）するので、男優は仕事を継続したいならば数百万円の支払いに応じるしかないわけです。

本当にひどい世界ですが、AV業界ではそれが常識としてまかり通り、AV強要が社会問題化した現在もあまり状況は変わっていないと思います。

関東連合「最強世代」の〝手腕〟

ここまで伝えた通り、AV業界は反社会的勢力の巣窟と言っても過言ではない状態なのです。

そして、その魑魅魍魎を見事にまとめ上げたのが元関東連合のXでした。Xは現役暴力団員として2018年1月に恐喝容疑で逮捕、同年3月には別の恐喝容疑で再逮捕され、その姿が全国報道もされました。

Xは関東連合永福町ブラックエンペラー出身で、現在国際指名手配されている見立真一と同期の昭和53年生まれ世代です。昭和53年生まれの永福町ブラックエンペラーは残忍な暴力で東京の不良少年を支配し、〝最強世代〟と呼ばれています。

Xは関東連合時代に起こした傷害事件で少年刑務所に収監され、出所後に地元の先輩の勧めでAV業界入りしたといわれています。

彼は暴力よりもビジネスやクリエイティブな仕事が

得意なタイプで、とにかく頭が切れる人物でした。関東連合出身という暴力のブランドを巧みに使いながらAV業界でその才能を遺憾なく発揮します。2000年あたりから業界に関わり、すぐにプロダクションを設立。あっという間に最大手AVプロダクションに育て上げました。

大手AVプロダクションという産業の根幹である女優を供給する立場で、業界のあらゆる層とつながりを強めることに着手しました。大手AVプロダクション経営者として稼ぐというだけでなく、ほかの同業プロダクションとの関係や連携を深めながら、流通、メーカー、制作、AV専門誌など、あらゆる業界関係者とつながりをつくっていきました。

そして、AV業界を支配したのです。毎日のように関係者同士で華やかな飲み会や食事会をひたすら繰り返し、男優のプロダクション、制作会社、編集プロダクション、AVメーカーなど、業界に関わる様々な会社を立ち上げ、ビジネスを広げていきました。一方で、女優に情報を与えない、営業妨害者への制裁などを徹底し、AV業界をコントロールしてしまいました。

Xの力を決定づけたのは関東連合というブランドを使い、AV業界の表の分野でもっとも勢いある企業だったDMM、それに誰もが一目を置くストリップの老舗・浅草ロック座に力を認められ深い関係になったことです。DMMとXは共同でメーカーを立ち上げ、浅草ロック座では社長に就任することになります。

もはやAV業界の誰も逆らえない独裁体制です。業界を牛耳ったといってもいいでしょう。彼の鶴の一声でAV業界内の誰かを干す、生きていけないようにするなどは朝飯前です。そのような暴力や恐怖を背景にした独裁体制で、様々なメーカーから映像制作を下請けし、若手の制作者を育てるという有意義な行動もしていました。

「海老蔵事件」で潮目が変わる

しかし、力をつけたことによる恐喝も拍車がかかりました。

◉朝青龍を引退に追い込んだ事件に関係していたのが関東連合ＯＢだった

ＡＶ業界内でのＸによる恐喝被害者は数知れないのです。逮捕、報道された事件だけでなく、数多くの関係者が数十万円、数百万円のお金を脅し取られています。余罪まみれ、もうどれくらい余罪があるのか数えきれないレベルでしょう。

業界を牛耳り、ちょっと脅せば震えてお金が運ばれてくる。そして友人や業界関係者を集めて日々豪快に遊ぶ。夢のような、楽園のような日々をしばらく続けていたのですが、その雲行きが怪しくなったのは、関東連合ＯＢが２０１０年に朝青龍事件、海老蔵事件を起こしてからです。とどめとして12年、死者が出た六本木クラブ襲撃事件が起き、半グレの存在が世間に可視化され社会問題となりました。

当時、ＡＶ業界を牛耳っていたＸは音楽ビジネスに目をつけ、自分の会社のＡＤだった鼠先輩をメジャーデビューさせ、「ＧＩＲＯＰＰＯＮ」が大ヒット。その実績を掲げて元ＢＯØＷＹの松井常松氏のプロデュースなどを手がけ、華やかな活躍を見せていました。

音楽業界の大手であるＡ社にも食い込み、あるプロジェクトで人材発掘を任されていました。このプロジェクトの最中に関東連合OBが六本木クラブ襲撃事件を起こしてしまったのです。

彼はこの事件に関わっていなかったものの、関東連合OBの存在や手口、危険性が続々と報道され、関東連合のブランドイメージは崩壊。A社はプロジェクトを中止して、すぐにXから手を引いたのです。

時代が急激に変化し、関東連合は反社会的勢力として様々な人から排除されることになりました。

一般企業化が進むAV業界でも、以前のように表舞台に立つことができなくなり、最終的には浅草ロック座の社長におさまることになった。そして永福町ブラックエンペラー出身の同級生が所属する暴力団にも籍を置くことになったのです。

人気AV男優への恐喝で逮捕

浅草ロック座の社長に就任した頃、意気投合したのがAV業界のご意見番であったMでした。以前のように簡単に稼げなくなったXはMとタッグを組んだ2000年代後半から、AV関係者をターゲットにした恐喝に力を入れるようになり、何かトラブルを探しては恐喝を繰り返していました。

AV業界はどうしようもない治外法権な世界でしたが、一般社会化が進んでいたため、半グレの論理が通じる相手ばかりではなくなっていました。

恐喝のターゲットは弱いほどやりやすいので、基本的には暴走族やアウトロー出身者ではない一般人、もしくは不良の末端が標的となります。Xは天才的な起業家ではありましたが、反面、もっとも楽に稼げる恐喝はずっとやめることができなかった。いや、やりすぎたのです。

たしか2016年だったでしょうか。Xは2人の超人気男優をターゲットに恐喝をしました。コンビを組んでいたMが男優に電話をして、業界で力があり暴力を背景にしたブランディングが認知されているXの存在をチラつかせながら金銭を要求するという、いつもの手口です。

事件を簡単にいえば、2人の超人気男優が面倒を見ている若手男優が女優に粗相をしたので、兄貴分として責任を取って金を払え、という言いがかりでした。問題を起こした当事者ではなく、超人気男優に無理やりに言いがかりをつけたのは、彼らがお金を持っているからです。若手男優を脅しても、お金がないのでたいした金額は取れません。

Kから何度も連絡がきて徹底的に脅された超人気男優のひとりは、恐怖で大混乱していました。様々な関係者に相談していましたが、誰が聞いても超人気男優に一切の非がない理不尽な要求でした。

しかし、彼らが生業にするAV業界はX、もしくはそのブランドを利用した側近Mの言いなりであり、要求を拒絶すれば、暴力的な被害に遭うだけでなく、すべての仕事とキャリアを失いかねません。この超人気男優は悩みに悩んだ挙句、腹をくくって証拠を揃えて警察に被害を訴えたのです。

そして、2018年1月に主犯であるX、実行犯のKが逮捕されたのです。

いろいろお話ししましたが、AV業界はこのような歪《いびつ》な構造がある世界なのです。反社会的勢力との関係は切りようがないし、切ってしまったら産業が成り立たないのです。Xは大きな事件を起こし、全国報道されましたが、刑期を終えて戻ってきたら業界はまたすぐに、彼を〝王様〟として君臨させるでしょう。

ずっと反社会的勢力の力を借りながら産業を発展させてきたAV業界は、どんな社会になっても反社とともに生きるしか選択肢がないのです。

ヤクザと芸能界

▼オレオレ詐欺グループの次は「情報商材」

ターゲットは「人気芸人」新たな〝ヤバいカネ〟がお笑い業界を侵食か

オレオレ詐欺集団に続き、金塊強盗犯との交流、「金銭の授受」が一部で報道されている宮迫博之。そして、別の人気芸人にも極めて「グレーな組織」との危ない関係が噂されている——。

文＝大山 糺
ジャーナリスト

島田紳助が暴力団との「黒い交際」によって芸能界を引退したのは2011年のこと。人気芸人の引退劇は、芸能人と反社会的勢力との交際はタブーであることを象徴する出来事として語り継がれてきた。そんななか、再び吉本興業の人気芸人と反社会的組織との密接交際が明らかになった。

「吉本の看板芸人である雨上がり決死隊の宮迫博之をはじめ、カラテカの入江慎也、レイザーラモンHG、ガリットチュウの福島善成、ロンドンブーツ1号2号の田村亮ら12名が、14年12月に開催された振り込め詐欺集団の忘年会に参加していたことが発覚したのです。挙句、ギャランティまでしっかり受け取っていたことも判明し、写真週刊誌『フライデー』はこれを〝闇営業〟と称して大々的に報じました」（週刊誌記者）

〝闇営業〟とは、所属事務所を経由せずに暴力団等の反社会的勢力の会合に参加してギャラを得る行為のことをいう。今回、宮迫らがギャラを受け取った相手は、大規模な振り込め詐欺集団だったという。

「忘年会が開催された半年後の15年6月、警視庁が都内計4カ所の詐欺集団の拠点に踏み込み、男女計40人が一斉逮捕される大捕り物がありました。主犯格の大野春水と金宣秀も同時に逮捕され、16年2月には、逃走していた残りの幹部の小林宏行と高松聡も逮捕されています。この集団は、13年末頃から組織的に振り込め詐欺を働き、被害者は約60人、被害総額は全国で20億円を超えていました。手口は、高齢者に電話をかけて架空の会社の社債を購入させるというものでした」（全国紙社会部記者）

2年間で300億円を荒稼ぎ

犯行は広範囲にわたって行われ、全国各地に合同捜査本部が設置されていた。詐欺集団の実態を捜査関係者が解説する。

「かけ子のアジトは5つほどあり、基本的にはすべて都内に存在していました。各アジトには10人程度が所属し、金庫には数億円単位の現金が保管されていたようです。彼らは足がつかないよう、2〜3カ月単位でアジトの場所を変えるため、現場を押さえるのが大変だった。物件探しは、かけ子とは別のメンバーで構成された不動産担当が行い、ほかにもエステや風俗店といった表向きのためのダミー会社も設立していました」

詐欺グループのメンバーは幹部から末端メンバーまで合わせると、総勢200名近くにも上っていたという。

「グループの幹部や各アジトの班長らが、地元の後輩などに声をかけ、メンバー集めを行っていたようです。カネを持ち逃げされることを恐れてか、幹部自らが直接面接したり、実家の住所を提出させたりしていた。また、外部から怪しまれないために、かけ子の勤務時間は平日10〜19時に設定され、土日祝は休みにするなど、表向きは一般企業のように振る舞っていたのです」(同前)

事実、逮捕前にはダミー会社の名前で、入江が主宰するイベントのスポンサーになったこともあった。現場には、吉本興業の社員数名も駆けつけていたとされるが、一般企業と信じ疑わなかったという。また、実際の犯行内容も、練りに練られたものだったという。

「事前に架空の会社のビラを用意してばら撒いておき、後日、名簿業者から買った高齢者リストに片っ端から電話をかけていきます。電話をかける担当者を『かけ子』と呼びますが、そのなかにも細かな役割分担があります。最初に電話をする証券会社の営業マン役のほか、ライバル証券会社の営業マン役、警察やマスコミを演じて電話をかけることもあった」(同前)

それぞれが役を演じる、いわゆる「劇場型」の手口だ。

「証券会社の営業マン役が『社債を買いませんか』と電話を入れたあと、ライバルの証券会社役が『ウチで先に』と電話を入れたり、マスコミ役や警察が『あの会社は信用できる』などと後押しすることで信用させていたようです」(同前)

こうして高齢者から騙し取ったカネは、警察が把握している数字以上の金額だったという。

「元グループ幹部の話によると、13年から逮捕前までの約2年間で、数千人の高齢者を騙し、100億円か

◉オレオレ詐欺グループの忘年会に出席していた宮迫博之（左）と田村亮

ら300億円は荒稼ぎしていたようです」（前出・全国紙社会部記者）

「詐欺で稼いでいる」と公言か

いったいなぜ、吉本芸人と犯罪組織が接点を持つようになったのか。キーマンとされるのは、カラテカの入江慎也だ。

「もともと、『趣味はナンパ』と公言するほどの〝遊び人〟キャラで売っていました。自分には様々な〝人脈〟があることをネタにしていましたし、今回の詐欺集団の幹部とも何度か飲み会をやったことがあったといいます。入江は、普段、彼らが詐欺を働いてカネを稼いでいる事実も知っていたと思います」（民放キー局ディレクター）

入江の〝人脈〟により開催が実現した忘年会は、都内ホテルの宴会場で開かれた。宴の後半に、宮迫ら芸人はサプライズゲストとして登場する。

「入江が司会を務め、ほかの芸人たちは自分の持ちネタを披露していました。ロンブーの田村亮はトークを披露し、宮迫は自ら人気デュオ『くず』の代表曲『全てが僕の力になる！』を熱唱し、会場は大盛り上がりだったようです」（前出・週刊誌記者）

その後、入江を通じて芸人にギャラが支払われたという。支払われたギャラは、詐欺によって得られたカネであることは言うまでもない。

この忘年会の半年前の2014年5月には、同じ詐欺グループの首謀者の祝いの席にも吉本芸人らが出席していたことが発覚する。

「都内のレストランを貸し切り、詐欺グループのメンバー100人近くが出席していました。参加した芸人は、カラテカの入江、ムーディ勝山、くまだまさし、ザ・パンチ浜崎、2700です。入江は、詐欺首謀者や幹部のことを『若手実業家』と持ち上げていたが、参加芸人のひとりは刺青の入った連中ばかりの集団を見て、異様さを察していたようです」（前出・週刊誌記者）

この時も、入江の差し金によって芸人らが出席したという。

「芸人らは一様に『ギャラはもらっていない』と否定していましたが、詐欺グループの幹部によると、入江は仲介料として100万円以上を受け取っているといいます。その後、入江の差配によって各芸人たちに振り分けたとみられています。意外にも、ギャラは手渡しではなく振り込みで、詐欺グループが経営していたダミー会社から、入江の口座に『出演料』や『宣伝費』といった名目で振り込まれていたといいます」(同前)

芸人らは一様に「詐欺グループだとは知らなかった」と口を揃えるが、疑惑は残されたままだ。

「入江はもちろんのこと、ロンブーの田村亮も14年5月31日に開催された『AH！YEAH！OH！YEAH！2014』というイベントの席で、グループ幹部らと顔を合わせています。イベントは入江が主催し、詐欺集団は表向きの会社『CARISERA』で協賛として参加していた。入江や田村の前で、彼らは堂々と『詐欺で稼いでいる』ことを口にしていたといいます」(同前)

詐欺グループがイベントに出資した金額は600万

円。イベント会場でもVIP待遇を受けていたという。

ギャラの「取り分」への不満

忘年会に参加した宮迫に関して言えば、別の有名〝半グレ〟との接点も報じられた。

2016年7月27日、大阪北新地にあるキャバクラで撮影されたとされる写真には、宮迫のほか屈強な男性4名が写り込んでいた。

「宮迫の隣に立っているのは、16年7月8日に福岡で起きた金塊強盗事件の実行犯である野口和樹被告でした。JR博多駅近くにあるビルの1階で、会社役員らが運搬していた金塊（約7億6000万円相当）をアタッシュケースごと強奪したとされる事件。野口被告は一審で懲役9年の判決を受け、現在、控訴しています」（前出・全国紙社会部記者）

問題なのは、記念撮影に応じたことではない。この日、宮迫は野口被告らの集う席で、ギャラを受け取っていたという疑惑があることだ。

「たまたま同じキャバクラに居合わせたのでしょうが、野口被告のグループ内の男性と宮迫のグループにいた男性が知り合いだったようで、宮迫が挨拶に行った。一緒に乾杯したあと、同席していた男性のひとりが万札を数えて手渡していたとの証言が出ています」（前出・週刊誌記者）

写真が撮影されたのは、事件発生から3週間後のことだった。

「福岡金塊強盗事件では、野口被告のほか、実兄の直樹被告も実行犯として逮捕されています。野口兄弟は、地元である愛知県・名古屋では有名な半グレで、指定暴力団山口組系弘道会を後ろ盾にした自動車窃盗団のまとめ役を担っていました」（前出・全国紙社会部記者）

詐欺集団に強盗事件の実行犯と、反社会的勢力との接点に事欠かない吉本芸人だが、お笑いコンビ「スリムクラブ」に至っては、広域指定暴力団幹部の誕生日会に出席していたことが明らかになった。

「16年8月、稲川会幹部のS氏の誕生日会が川崎市内の韓国クラブで開かれ、特別ゲストとしてスリムクラブの内間政成と真栄田賢が参加しました。S氏は、稲川会最有力団体の本部長を務めており、今年4月に稲川会の六代目に就任した内堀和也会長の側近中の側近。10代後半から稲川会に所属した生粋のヤクザで、現在は川崎の繁華街をシマにしています。経済力があり、様々なビジネスを手がけて儲けを出しているようです」（暴力団関係者）

この闇営業の仲介を行ったのは、モノマネ芸人のバンドー太郎だった。

「バンドー太郎、スリムクラブのほか、２７００の3組が参加し、ギャラは3組で30万円だったといいます。バンドー太郎は、『相手の素性については知らなかった』と釈明しています」（前出・週刊誌記者）

反社会的勢力から金銭を受け取る行為は許されるべきものではないが、彼らが闇営業に走らざるを得ない実情もある。

「吉本興業から支払われるギャランティが安すぎるのです。吉本興業の岡本昭彦社長は会見で、『ギャラの配分はざっくりとした平均値で『5：5』もしくは『6：4』と語っていましたが、それは売れっ子芸人との間のことであって、若手や売れていない芸人の実態とは異なる。ある芸人は『1円』と明記された明細書をSNS上にアップし反論していました」（スポーツ紙記者）

契約書もなく、ギャラの取り分もすべて事務所側が一方的に決めていたことに対する所属芸人らの不満が爆発している状態だ。

被害額は1億円以上か

歴史を振り返れば、芸能界と反社会的勢力との縁は切っても切れないものとされてきた。

闇営業問題が吉本興業の雇用体制やガバナンス問題へと発展するなか、人気芸人たちに新たな疑惑が持ち上がっているという。

「カラテカ入江は、ある情報商材ビジネスを手がけている人物X氏にも吉本芸人を紹介しているのです。それも全員が看板芸人たちで、新たな火種になるかもしれません」（芸能関係者）

入江が懇意にしているといわれるX氏とは、情報商材ビジネス業界で数億円を稼ぎ出した人物だという。X氏を知る業界関係者が解説する。

「現在、X氏は女性S氏を担ぎ上げ、『Sプロジェクト』という名の仮想通貨に関する稼ぎ方の情報商材を喧伝しています。このプロジェクトは、〝アジアで資産1億円超の富裕層を5万人生み出す〟というキャッチコピーとともに登場しました」

「Sプロジェクト」のSとは、中国発祥の仮想通貨投資で、1000万元以上の資産を持つことができた富裕層のことを指すという。S氏を含め、ビットコインの生みの親であるサトシ・ナカモトも「S」の一員になっているという。

「参加するだけで誰でも総資産が1億6000万円を突破するという触れ込みです。プロジェクトそのものは無料オファーを使って会員を集めています。無料オファーとは、メールアドレスを登録することで報酬が発生するアフィリエイトのことです」（同前）

無料と謳っているものの、当然カラクリがある。入会しても、特定のシステムを利用するには30万円以上の費用がかかるというのだ。

「『会員を募集する』などと言い、高額の商材を販売しているのが実態で、高額の商材を購入しても収益は得られず、購入者らの資金を目減りさせるという事態を招いています」（同前）

集団訴訟プラットフォームサイトでも、「Sプロジェクト」に関する被害者の書き込みが絶えず寄せられている。2019年8月上旬の時点で、被害者は200人以上、被害額は1億円以上に及ぶという。

怪しげな情報商材を扱う黒幕〝X氏〟と人気芸人らは徐々に距離を縮めていく。

「今年（19年）4月、吉本所属の芸人N、S、OのNはX氏が実質オーナーを務めるイベントスペースを訪れています」（吉本関係者）

翌月にも、彼らはイベントスペースで「オンラインサロン合同交流会」なるものを催している。

「それなりの会費を払うもので、ネット上のファンクラブの延長のようなイメージ。彼らは酒を飲みながら

喜々として次世代のビジネスについて語っていました」（同前）

X氏が情報商材で稼ぎ出したカネは、こうしたイベントスペースの運営費に流れているのだ。

今年春、X氏がファウンダーを務めているR社は、関西の地方都市I市と起業家支援に関して業務提携を行った。4月には、取り組みの第1弾としてI市協賛のもとイベントを開催している。

「しかし、その後、X氏の関係者から、R社の運営経費がグレーな商売から生み出されたものであるという情報提供があり、I市は慌てて契約解除した経緯があります」（同前）

X氏のビジネスについて、司法関係者は2つの法律に抵触する可能性があると警鐘を鳴らす。

「ひとつは元本保証をしたうえで、不特定多数から金を集めたという出資法違反の可能性です。Sは販促動画の中で『1億6000万を約束します』と言っており、これは特定商取引法違反（誇大広告）の可能性があります」

現在、「Sプロジェクト」の被害弁護団は運営会社に対し、返還交渉を行っているとのことだ。

「R社は『吉本芸人には無料でスペースを貸し出しただけ』と金銭の授受を否定していますが、これが事実であれば、吉本芸人たちは極めてグレーな組織から利益供与を受けたと言われても致し方ないのではないか。X氏の実態についてNら人気芸人たちがどこまで把握しているか判然としないものの、詐欺師まがいの人物と接点を持つリスクを、芸人たちは今一度考えるべきでしょう」（同前）

フライデー報道後、入江は吉本興業を解雇されたものの、問題の根っこは残ったままのようだ。

（本文中敬称略）

▼暴力団員になった元選手も

「野球賭博」の深い闇
プロ野球と反社の
危険すぎる〝距離感〟

2015年に明らかになった巨人軍の「野球賭博」事件。
公判では暴力団との関係は明らかにならなかったが、
名門球団での大スキャンダルは、
球界と暴力団の「近さ」を象徴している。

文＝鵜飼克郎
ジャーナリスト

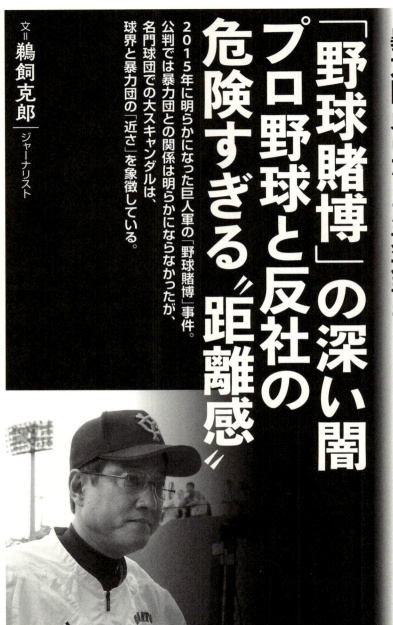

過去の苦い経験から、各球団では今も定期的に警察の暴力団担当者による選手教育を続けており、暴力団排除にもっとも積極的に取り組んでいるスポーツ組織はプロ野球界だといわれている。

「球場周辺の取り締まりも厳しくなり、ダフ屋の姿を見ることもなくなった。昔は野球賭博のために先発投手を探る目的があったが、今は予告先発を導入しているので暴力団もプロ野球選手の利用価値がなくなってしまったのではないか。

オフのサイン会や講演会も球団がスケジュール管理をしているので〝闇営業〟もできない。選手も自覚をしており、暴力団関係者に利用されたり、深入りされたりするケースはほかのスポーツに比べて少ないと思う」（在京球団の現役コーチ）

1969～71年、現役のプロ野球関係者が八百長に関与したとされる「黒い霧事件」で、暴力団との交流が発覚して以来、プロ野球界は暴力団との接触を厳しく対処してきた。だが、それでも道を外れる選手は出てくる。

「黒い霧事件」以来の大スキャンダル

2015年10月5日、巨人軍の原辰徳監督が読売新聞東京本社で渡邉恒雄最高顧問、白石興二郎オーナー（ともに当時）にシーズン終了報告を済ませた2時間後、同社内で緊急会見が行われた。

この緊急会見で「当球団所属の選手が野球協約の有害行為に該当する行為を行った疑いが明らかとなりました。プロ野球の信用と信頼を失墜させるもの。お詫び申し上げます」と頭を下げたのは、巨人軍の球団社長と法務部長だった。

巨人軍は福田聡志が野球賭博に関わっていたことを発表し、NPB（日本野球機構）に福田を告発した。

NPB調査委員会の中間報告で笠原将生と松本竜也の野球賭博への関与が明らかになり、最終報告を受けて福田、笠原、松本の3選手が無期失格処分となった。その後、高木京介の野球賭博関与も明らかになり、渡邉最高顧問、白石オーナー、桃井恒和会長の最高幹部

◉野球賭博関与が明らかになり、記者会見する巨人軍の高木京介投手。高木投手は失格処分から2017年に復帰。今年5月2日の中日戦で1307日ぶりの勝ち星をあげている

3人が引責辞任をするなどの騒ぎとなった。

「福田は『軽い気持ちで始めた』と説明し、一軍登板がなかったことで、球団も八百長を行った形跡はないとした。この結論は予測されていました。八百長に関わっていたなら野球協約177条（不正行為）違反で永久追放。賭博行為や暴力団との交際を禁止する同180条違反なら1年間または無期の失格処分に留まる。〝やりました〟と認めた時点で最悪、永久追放となるため選手たちが事情聴取で八百長関与を認めるはずがない。球団もNPBも一刻も早く事態を収束させたかったでしょうからね」（スポーツ紙記者）

黒い霧事件以来の野球賭博による処分が出た巨人軍での賭博騒動は、松本、高木、福田の3元選手は賭博罪で罰金20万〜40万円の略式命令、賭博開帳図利ほう助で逮捕された笠原には懲役1年2カ月（執行猶予4年）の有罪判決が下され終結した。

「公判で最大の関心を集めていたのが、巨人軍選手と暴力団の関係だった。暴力団が胴元として介在し、野球賭博でやりとりされたカネが暴力団の資金源になっ

ていたとみられていたが、笠原の公判では明らかにならなかった。だが、その後の捜査で笠原に『ハンデ情報』を出していた元飲食店経営者や大学院生と関係があったとして胴元の山口組組員が逮捕されている。

　野球賭博は大胴元、中胴元、小胴元と階級が分かれているが、大胴元から『ハンデ情報』が下部組織に流れ、下から上にカネが逆流して張り客の賭け金の調整を行うようになっている。巨人軍選手の賭博騒動により、野球賭博を通じて指定暴力団が野球界に食い込んでいたのは明らかでした」（全国紙司法担当記者）

「ハンデ情報」に元球界関係者が関与？

　今でも暴力団とプロ野球は深く結びついているというのは、関西で野球賭博をシノギとする暴力団関係者である。

「プロ野球賭博は人気球団がある地方都市ではいまだに根強い人気がある。1日6試合、それぞれにハンデが出て、強いチームと弱いチームが互角に戦えるように調整されるのが野球賭博だが、このハンデを出すのに元プロ野球関係者が関与しているといわれている。ケツ持ちといわれる関西の3つの組織から『元ハンデ』が出ているが、それを枝と呼ばれる下部組織に流していくことになる」

　この暴力団関係者によれば、野球賭博の特徴は胴元が自分の持っている顧客によってハンデを調整する点だという。基本的には対戦する両チームで均等に張らせることで胴元は、「テラ銭」と呼ばれる賭け金の1割の手数料（張り客は賭け金の9割が支払われる）を確実に儲けることができる。地域性や顧客の贔屓球団によって張り方に偏りが出る。そのためには絶妙のハンデが必要となるのだという。

「その基準になるのが先発投手。先発投手さえ読めれば勝敗は8割決まる。昔は先発投手の情報を集めるためにプロ野球選手に近づいたが、今は予告先発が導入されている。大番狂わせが少なくなったが、それでも選手の体調や私生活の情報を事前に仕入れることでハンデを切るときの参考にできる。

先発完投が少なくなり、打高投低ということで予想が難しくなっている。そのためテラ銭を稼ぐ地道な商売になってしまったが、規模が小さくなったといってもテラ銭だけでも全体で毎日1億円のカネが動くといわれているだけに、ハンデの読み違いは大きな損失になる」(同前)

その情報元となるのが選手やコーチ。暴力団関係者がノコノコ顔を出すわけがないので、タニマチと称して関係者を選手に近づけることもあるという。

「暴力団の息のかかったカタギが後援会に潜り込んで親しくなり、オフの激励会やゴルフコンペなどに参加。高級時計などをプレゼントしたりする。携帯で話ができる関係になって、それでシーズン中に裏情報が数回でも取れたらええわけや。球場に顔を出してもおかしくないOBを使って調べることもあり、現役選手と暴力団が同席しないと成立しないというもんじゃない。選手のオヤジに近づいて関係をつくることもあるし、裏カジノで遊ばして食い込むこともできる。巨人内部の張り客をまとめていた笠松は、張り客であると同時に胴元でもあるわけや。本人が気づいてないだけで、(大胴元側の)情報元になっていた」(同前)

暴力団員になった元プロ野球選手

元プロ野球選手が暴力団と関係する事件は今も後を絶たない。

1999年10月には巨人軍の篠塚和典コーチ(当時)が役員を務める自動車販売会社が販売したクルマが、顧客の住所を偽った〝車庫飛ばし〟の容疑で社長が逮捕されたが、この会社が指定暴力団・山口組幹部の組と関わりがあると報じられた。篠塚は年内謹慎の処分となった。

2011年6月には奈良県で元日本ハムの選手で、関西独立リーグの元監督が山口組系幹部の男らと共謀して住宅ローンの融資詐欺で捕まっている。その前年には関西独立リーグに所属した選手8人がプロ野球賭博でカネを賭けていたとして大阪府警に逮捕され、胴元として山口組の組員が捕まっている。この2つの事

◉横浜時代の山根善伸。1991年にドラフト7位で捕手として大洋ホエールズ（現・横浜DeNA）に入団。98年オフに戦力外通告を受け、引退していた

件は水面下でリンクしていたとみられている。

1999年のシーズン中には、巨人軍の清原和博が暴力団員と一緒にゴルフをしていた写真を材料に脅されていたことが発覚した。西武在籍中のオフに飲食店経営者とゴルフをプレーしたところ、経営者の知人が暴力団関係者だった。都内のホテルで3回の直接交渉したのち、球団に報告して発覚した。

この時は被害者だった清原だが、2016年2月には覚せい剤取締法違反で逮捕、懲役2年6カ月（執行猶予4年）の有罪判決を受けている。06年には元巨人の野村貴仁も同じ覚せい剤取締法違反で逮捕されており、覚せい剤もプロ野球選手と暴力団の接点のひとつになっていることがわかる。

19年2月には借金トラブルでロッテを退団した大嶺翔太が恐喝未遂で逮捕されている。取材で知り合ったスポーツライターの男性から現金を脅し取ろうとした容疑だったが、脅迫に暴力団関係者の影をちらつかせていた。

プロ野球から引退後、暴力団幹部になっていた例も

ある。12年9月に、亡くなった同級生の妻から現金を騙し取ろうとした詐欺の容疑で元横浜の捕手、山根善伸が逮捕されているが、当時山根は稲川会系組幹部だった。1998年の日本一メンバーだったが、引退後は地元の山梨に戻り、暴力団の構成員となり風俗店などを経営。2005年には売春防止法違反の容疑で逮捕されている。

「知人」の交友関係まではわからない

引退後も野球で生活ができる選手は限られている。監督やコーチ、あるいは野球評論家として球界に残れるのは3~4割。残りの6~7割の元選手は第二の人生を歩むことになる。

「子どもの頃から野球しかやっていないため、多くの選手は苦労する。まだ若い選手は就職口があるが、ベテランになればなるほど苦しい」(球団関係者)

収入がなく詐欺や泥棒を働いたケースもあれば、飲食店を開業するが失敗して暴力団関係者のヤミ金の世話になり、ついには前出の山根善伸のように暴力団の構成員や用心棒になったケースもある。

「先輩OBから声がかかって反社会的勢力のゴルフコンペに呼ばれたことがある。ゴルフ場で気がついたが、その場で帰る勇気もなかったし、先輩の顔を潰すわけにもいかなかった。次に誘われたときにはきっぱり断ったが、こうやって引き込まれていくのかと実感したことがある。

選手の年俸は高くなったとはいえ、老後のためにと投資話に手を出すパターンも少なくないが、詐欺まがいの海外ファンドだったりする。ほかにも不動産投資をしたり、副業をする現役選手も多いが、そこにつけ込まれる。プロだけでなく、高校や大学時代の先輩後輩の関係もある。見極めは難しいが、簡単に信用してはいけない。そういう時代なんです」(在阪球団の現役コーチ)

在阪テレビ局の野球解説をする元プロ野球選手はこう話す。

「現役中、引退後も含めてほぼ全員が暴力団関係者と

◉ 2012年のシーズン中、元暴力団員に1億円を払っていたことが判明した原辰徳・巨人軍監督

関わり合いを持った経験があるのではないか。知人の交際関係まではわからず、食事に誘われて行ってみるとその筋の者がいて困ったことがある。そこで写真も断る、サインもしないでは知人の立場がない。知人との関係を断ち切ればいいが、それまでタダ飯をご馳走になりオンナを紹介されるなどさんざん世話になっていると、簡単には逃れられない。現役時代から長い時間をかけて手懐けられているということじゃないですか」

現役選手に限らずOBでも、暴力団と関係すればコーチや監督での復帰の道が閉ざされ、評論家の仕事も追われるようになる。たとえ昔の話であっても、だ。

2012年のシーズン中、巨人軍の原辰徳監督が元暴力団員に1億円を払っていたことが明らかになったが、すでに6年前の話だった。原監督が現役時代の1988年頃からある女性と一時期交際していたが、女性は交際の様子を日記に残していた。原監督が巨人の監督として復帰した2006年、元暴力団員らから日記と引き換えに1億円を要求された。原監督は1億円を現金で払ったことが週刊誌で報じられたのだ。

原監督は1億円の支払いを認めたが、反社会的勢力との認識はなかったと説明した。暴力団関係者と認識したうえでの金銭供与は野球協約違反となるためだ。

巨人軍は名誉棄損で出版社を訴えたが、15年5月に「恐喝をした者を一般的な意味で反社会的勢力と考えるのは妥当」として裁判所は名誉毀損の訴えを退けている。12年からリーグ3連覇してきた原監督だが、1億円事件の判決が出た15年に4連覇を逃すと監督を退任している。

「監督を要請する前に女性問題や交友関係などの身辺調査を行うのが慣例となっているが、国内最大の暴力団の最高幹部との関係が噂されているため2000本安打を放った生え抜き選手でありながら監督に就任できなかったり、事業に失敗しヤミ金に手を出して監督になれないスーパースターなど、身体検査にひっかかって監督になれないケースも少なくない。最近は球団も反社会的勢力との関係には神経質になっており、現役時代の成績は二の次ですね」（スポーツ紙デスク）

〝闇副業〟の落とし穴

プロ野球の一部の私設応援団が暴力団の影響下にあった時期がある。巨人や阪神も例外ではなく、優先して応援団に販売される外野席チケットをダフ屋に回し、大量のビールを持ち込んでファンに格安で販売、Tシャツやジェット風船を無許可販売したり、外野手に氷を投げつけ守備妨害をし、野球賭博に有利になるようにするなど、やりたい放題だった。

「NPBでは2003年に暴力団等排除宣言をして、暴力団とつながっている応援団の排除に取り組み始めた。球場周辺に防犯カメラを設置してダフ屋も排除した。07年頃に球場周辺から暴力団を一掃することができたが、逆に暴力団は水面下に潜ってしまったともいわれている」（全国紙社会部記者）

現役選手の副業は固く禁止されており、オフのサイン会や野球教室も球団が管理している。それでも内緒で副業をする選手もいる。ある現役野手が語る。

「巨人の二軍選手がチームメートのバットやグラブを窃盗し、転売していたとして解雇されましたが、自分のサインボールや野球道具を転売して金儲けをしている選手はほかにもいます。アパレル店や飲食店の経営を妻や親族を代表にして副業としている選手もいる。バレたら確実に球団から処分されるだろうし、商売していると暴力団関係者とのトラブルに巻き込まれることもあるようです」

各球団では、闇社会の誘いから選手を守るために対策に乗り出しているが、その闇社会は次々と姿かたちを変えて選手や監督、コーチを取り込もうと常に狙っている。

このイタチごっこが終焉することはなさそうだ。

（本文中敬称略）

第3章 蜜月

▼月刊誌で稲川会総裁と〝頂上対談〟!

「たけし」が週刊誌に語った大物組長との関係と「紳助は〝芸〟がない」の真意

島田紳助氏が暴力団との親密交際を理由に芸能界を電撃引退した当時、週刊誌や芸能メディアの取材は「次もあるのか? あるならば誰か?」に集中。その主要なターゲットのひとりがビートたけしだった——。

文=李策　ジャーナリスト

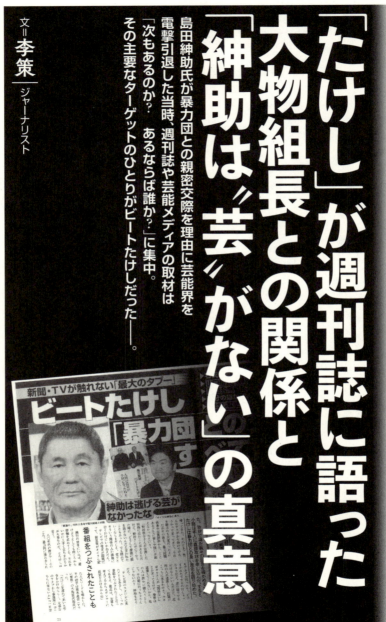

「第一回目のゲストとしてご登場願ったのが、おいらが以前からじっくり話を聞いてみたいと思っていたこのお方。

みんな驚くなよ。任侠界の超大物、日本ヤクザ社会の立志伝中の人物、稲川会の稲川聖城総裁だ！」

こんな能天気としか言いようのないビートたけしのコメントで始まるのは、「頂上対談」と題された、月刊誌『新潮45』の企画シリーズの第1回目だ。同誌2002年5月号に、13ページにわたり掲載された。

メディアが暴力団トップをこうした形で登場させるのは、当時としても異例と言えた。ごく稀《まれ》に取材することがあっても、暴力団の動向をめぐる報道の一環としてだ。

ところがこの企画は、冒頭のたけしのコメントにも表れているとおり、一貫して和気あいあいとした語らいとなっている。たとえば、次のような具合だ。

〈**たけし**　**上に立つためには、喧嘩も強くなきゃいけないんでしょう。総裁は「鬼の稲川」って言われて相当に強かったそうですね。賭場で因縁を付けてきたよその組の幹部を、旅館の二階から背負い投げで投げ飛ばしたりとか。**

稲川　**まあ俺は喧嘩屋の方だったからね**（笑）**。そりゃ喧嘩は強いに越したことはないが、でもやっぱり上に立つにはふだんの行いが大事だよ。人に好かれないとね。**

たけし　**総裁もそうやって稲川組をつくった。**

（中略）

たけし　**総裁は刑務所を出てくる時も、組員が何千人も出迎えに来ようとしたのを、「迷惑がかかるから来るな」ってやめさせたそうですね。その当時、そんなことを言ったのは総裁だけじゃないですか。**

稲川　**世間に迷惑をかけちゃいけないからね。**〉

「頂上対談」実現の裏事情

参考までに言うなら、稲川会はこの前年から対談が発表されるまでに、他組織との間で少なくとも3回の抗争を起こしている。

なかでも、2001年3月に神奈川県内で起きた二率会（当時）との抗争では、10回以上の発砲事件があり、無関係の男性が流れ弾に当たり重傷を負った。また同年8月には、系列組織の幹部らが都内で営まれていた住吉会系の通夜に潜入。同会向後睦会の会長ら3人を拳銃で殺傷するという、過激な行動に出た。

こうした情勢を考えれば、『新潮45』のこの対談企画は、「異例」を通り越して「異様」とも言えるものだった。

いったいどうして、このような企画が生まれたのか。たけしは記事の冒頭でこう説明している。

〈「それぞれの世界で頂点を極めた人たちに、おいらがあれこれ話を聞くっていうのはどうだろう」――そんな思いつきを口にしたのが運の尽きだった。編集長が飛びついて、あれよあれよという間にこんな対談シリーズが始まることになった。〉

だが、これは真っ赤なウソだ。たけしはそのことを、自ら暴露している。

『週刊文春』は11年9月29日号に、「ビートたけし『暴力団との交際』すべて語った」と題した記事を掲載した。暴力団との親密交際が発覚した島田紳助が電撃的に引退し、「芸能界と暴力団」が注目を浴びていた渦中でのインタビューである。

この記事によれば、きっかけは、たけしが1994年にバイク事故で瀕死の重体に陥り、翌年に復帰したことだった。

〈「オイラがバイク事故から復帰したのを見て、総裁が『オレの若いときにそっくりだ、会いたい』と言い出したんだ。総裁もナタで頭を殴られたことがあるから。そうしたら、手柄を立てるために若い衆が動き出して、あらゆる方法を使って、会わせようとしたんだ。若い衆といっても、幹部だよ。（後略）〉

この動きに、たけしは悩んだ。「マスコミに騒がれ

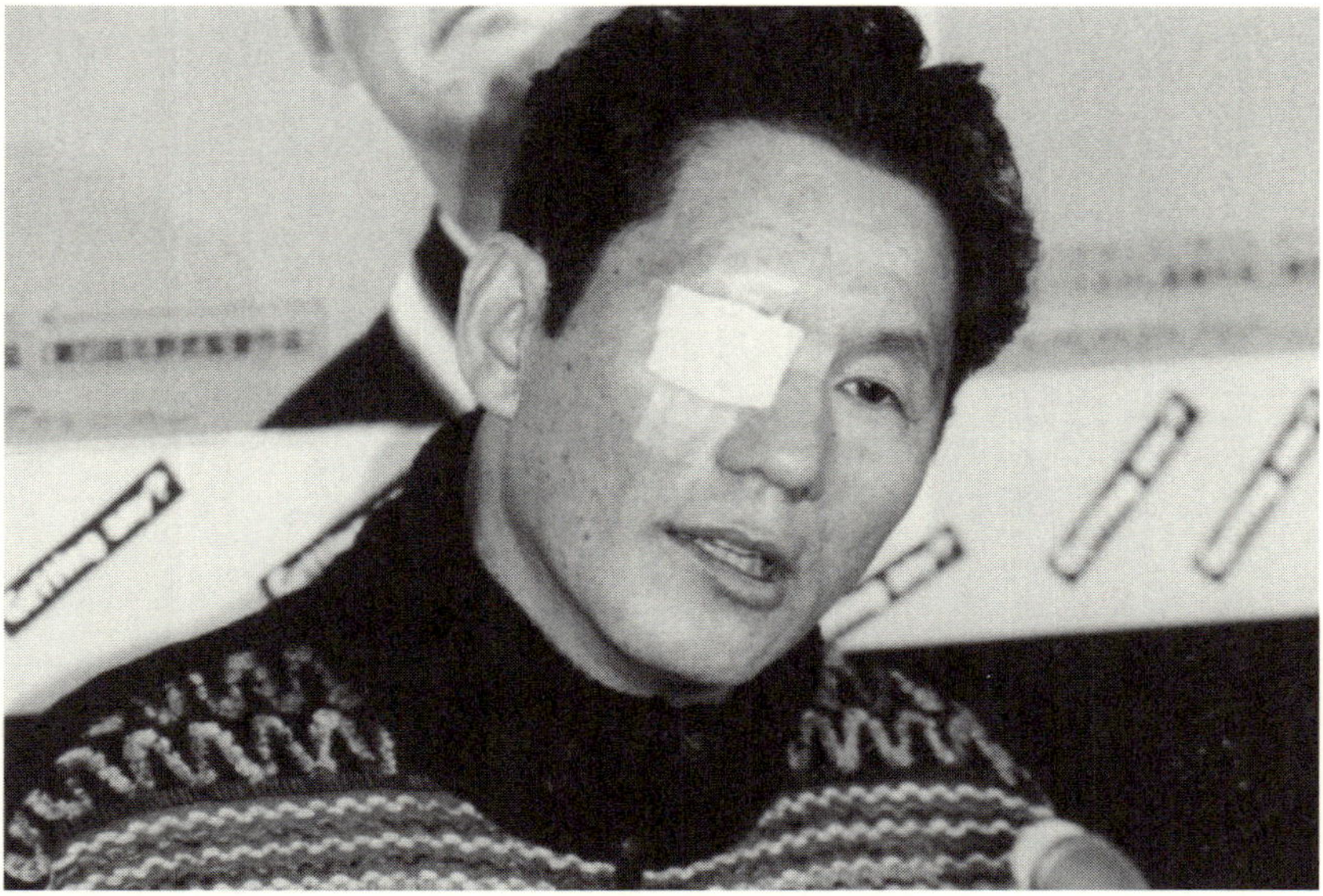
◉事故から復帰したたけしを見て、稲川総裁が「会いたい」とラブコール

ちゃうし、『そういうのは嫌だ』って断ってたんだ」（たけし、同誌から。以下同）。

しかし、カリスマの意を受けた稲川会の若い衆は、容易に引き下がらない。クラブで飲んでいれば、ほかの席からお酒が回ってきて、「稲川の者だけど、総裁に会ってくれないか」と頼まれる。

〈「そういうのが続いたんで、もうこりゃダメだと。（中略）でも、裏でこそこそ会うのはおかしいから、思い切って熱海の本家へ取材として行ったんだ」〉（同前）

だが、これでたけしと稲川会の「関係」がきれいさっぱり終わったわけではなかった。『新潮45』での対談が発表されると、間に入っていた若い衆のひとりから「会長にインタビューさせてやっただろう。飲みに来い」と連絡が入るようになった。断れば、「なんだてめえ、この野郎！」となる。

そのような状況を最終的にどのように整理したのか、たけしは詳細に触れていない。ただ、『週刊文春』の取材によれば、所属事務所の「オフィス北野」は稲川聖城氏の息子、稲川裕紘氏の葬儀（05年）と、聖城氏の葬儀（07年）に供花を贈っているという。

「紳助は〝芸〟がなかったな」

前述したとおり、このインタビューは「紳助ショック」の渦中で掲載されたものだ。当時、週刊誌や芸能メディアの取材は「次もあるのか？　あるならば誰か？」に集中しており、その主要なターゲットのひとりがビートたけしだったわけだ。

たけしは自らに向けられた「疑惑」を払拭すべく、自分が関わった暴力団とのエピソードについて、歯切れよく語っている。

たとえば1980年代の漫才ブームの頃、娘から「たけしに会いたい」とねだられた熊本連合（すでに解散）の大島直次郎氏の手の者たちにより、ベンツ3台で強引に拉致されたというものや、87年に「フライデー編集部襲撃」事件の後の謹慎期間中、ヤクザを父に持つたけし軍団メンバーの親族の旅館に入り浸っていたという話だ。しかしこれらのエピソードを明かしながら、たけしは決して暴力団と交友関係があったわけではないと言明している。

そして、たけしが特に強調しているのが、「紳助」との違いだ。

紳助はかつて、テレビ番組で右翼を揶揄《やゆ》し、テレビ局への大音響での街宣攻撃を誘発した。

芸能界から引退しようかとまで思い悩んだ紳助は、たまたま元ボクシング世界チャンピオン、渡辺二郎氏を通じて山口組の有力幹部を紹介され、その力に頼って右翼の攻撃から逃れることができた。しかし、これにより紳助は同幹部と昵懇《じっこん》となり、その関係が引退の原因になった。

紳助と同じく、過去に右翼の街宣攻撃にさらされた経験のあるたけしは、自らを危機から救った〝芸〟について語っている。

〈「これまで何度も右翼団体から街宣活動をかけられ

◉引退して８年。「闇営業」問題での発言が注目されるなど、いまだ存在感は衰えず

たことがあったけど、オイラは紳助と違う。ヤクザに仲介なんて頼んだことない。最初はフライデー事件の後、日本青年社に『復帰が早すぎる』と街宣をかけられたときだな。一人で住吉の堀さん（政夫氏、当時・住吉連合会会長）のところに行って、土下座して謝ったの。その後、右翼の幹部にも会って、それで終わりだよ。ヤクザを頼ったとか、カネ払ったとか噂されたけど、一切ない。タレントとしてそういうのを上手くやって逃げるのも本人の〝芸〟だって言ってるんだけど、紳助は〝芸〟がなかったな」〉（『週刊文春』２０１１年9月29日号）

◉住吉連合会（現・住吉会）の堀政夫総裁

ちなみに、たけしが住吉連合会（現在は住吉会）を訪れたのは、日本青年社が同会の最高幹部だった小林楠扶氏によって結成された団体だからだ。堀氏の勧めを受け、たけしは小林氏、衛藤豊久・二代目日本青年社会長とも会っている。

一方、『週刊文春』はこのインタビューを発表してから5週間後の11月3日号に、こんどは「『指定暴力団』大物会長の内妻だったアイドルの『告白』」と題した手記を掲載した。この「アイドル」とは、１９８０年代後半にグラビアシーンで人気を博した女性で、12年間にわたり「大物会長」と内縁関係にあったという。

手記の中には、彼女のこんな証言がある。

〈〇二年頃に、ビートたけしさんから「親分をモデルに何か映画を撮りたい」とオファーしてきたと会長から聞きました。会長はたけしさんのことをすごく誉めていて「彼はやっぱり鬼才だよ。でも、俺は映画になるような柄じゃないから」と言っていました〉

これに対し、「オフィス北野」は「映画を提案した事実はない。どうしてこういう話が出るのかきわめて不愉快である」という、猛抗議に近いコメントを寄せている。

さて、どちらが事実なのだろうか。

元アイドルの女性の証言に具体性があり、関連する事実が確認されたとすれば、『週刊文春』は間違いなく掘り下げていただろう。「紳助ショック」がまだ生々しかった時期であることを考えれば、このネタ1本で単独のスクープ記事が出てもおかしくはなかった。

それが出なかったのはやはり、この件については彼女が「聞いた」とする伝聞情報がすべてだったのだろう。

たけしの側に立てば、なんらかの関係や事実が「なかった」ことを証明するのは極めて困難である。いわゆる「悪魔の証明」というやつだ。

だからこそ、たけしは『週刊文春』のインタビューで果敢に自らの過去を語り、自分という人間が暴力団と下手な付き合いを「するはずがない」という「蓋然性」をアピールする戦術に出たのだろう。

食い違う「たけし」と「カウス」の言い分

ただこの戦術も、パーフェクトなものではなかった。

たけしが語った五代目山口組組長との「出会い」の経緯について、「ウソだ」と反論する者が現れたのだ。

まずは『週刊文春』2011年9月29日号のインタビューから、問題のくだりを引用する。

〈芸能界で根強く語り継がれている話に、たけしも五代目山口組の渡辺芳則組長と親交を深め、高級時計をもらっているという話がある。

たけし本人はこう語る。

「とんでもねえ話だよ。時計なんてもらってないよ。

確かに五代目とは会ったことがあるけど、その話に尾ひれがついたんだな。

ちょっと名前は言えないけどさ、ある芸人が嘘をついて、ほとんど無理やり会わされたんだよ」

十年ほど前、大阪でたけしがその芸人を含めて数人で食事をしていたときのことだったという。

「飲んだ後、カラオケ屋に向かうときに、その芸人が『この車に乗って』と言って、一緒に飲んでた他の人と離されたんだよ。『変だな』と思っていたら、ちょっとクラブに寄っていこうと言われて、路地に入っていくんだ。前の道に若い衆が並んでいて、何か怪しい雰囲気だったな。誰か大物が来てんのかなと思って、そのクラブへ入ったら、ホステスもみんな座らずに立ってるんだ。

そしたら奥にいたのが、五代目だったわけ。大阪地区の山口組幹部たちが勢ぞろいしてて、ひっくり返ったよ。その芸人が『向こうに五代目がいるから挨拶して』と言うんだ。（中略）

帰るに帰れないし、五代目と目が合ってしまったから、『東京から来ました、たけしです』と挨拶をしたら、五代目は『俺に挨拶なんかするなよ。芸人なんだから。写真撮られたらどうするんだ。早く店から出ろ』と言ってくれたから、すぐに帰ったの。

でも、オイラを連れて行った芸人は、五代目から『こんな席に呼んでどうすんだよ。何かあったら、お前どうやって、ケツ拭くんだ！』と怒られてたな」〉

ちなみに『週刊文春』は、この芸人について「その芸人は、たけしを〝東京の兄弟分〟として五代目に紹介することで、自らのステイタスを上げようと企んだのではないか、とたけしは推測する」としつつ、「小誌の取材で吉本興業の〝怪芸人〟中田カウスだと判明している」と書いている。

これを受け、カウスは『週刊朝日』12年2月17日号掲載のインタビューで次のように述べ、猛然と反論している。

〈――たけしさんの話は、どこまで事実なんですか？

僕が、たけしさんを五代目に会わせることでステータスを上げたかのように書かれてますが、僕の何のステータスが上がるんですか。

あの日は、大阪・北新地で夕飯を食べ終わって、もう一軒行こうかというので、店を出て、たけしさんを人目にさらさないように、すぐ近くの店に入ったら偶然、五代目に会ったというのが事実です。

たけしさんは「車に乗せて、無理やり連れていった」

◉五代目山口組・渡辺芳則組長
と言っているけど、歩いて30秒もあれば着く場所に、車に乗せる必要もないし、現場検証すればすぐにわかることです。まず、そこからウソなんです。

それに、僕が五代目から怒られたと言うけど、僕はいままで親以外に誰からも叱られたことはありません。

「気いつけや、壁に耳あり、障子に目ありやで。誰になに言われるかわからんからな。ホンマに気いつけなあかんで。ほな、次行きや」

と気を使って言うてくれたことは事実です。

むしろ偶然会えたもんだから、たけしさんが喜んで、店を出た途端、

「会えちゃった、会いたい人に会えちゃった。オイラ、ヤクザの映画を作ろうと思ってたからね、どうしても会いたい人だったんだよ」

とはしゃいでましたよ。

それに、僕にハメられたというなら、なんでその後、神戸までお礼に行かなくちゃならないことがあったんや、ということですわ。店の関係者が「(五代目が)渡したいと言っていたものがあるんですが」と言うので、

それをたけしさんに伝えると、「オイラ、大阪までもらいに行くよ」と言って、本当に来ましたからね。
その後、どうしてもそのお礼を言いたいということで、当然、五代目には会えませんから、当時、五代目の姐さんが新神戸でやっていたブティックについていってあげたんですよ。そこで歓迎してもらって、セーターとかをわんさかもらって、料理屋でご馳走になって、東京に帰った。帰ってから、たけしさんは姐さんのおうちに自分の絵を贈ってます。これが事実。ぜんぜん話が違うんですよ。〉

『週刊朝日』はこのインタビューに添えて、「オフィス北野」の森昌行社長（当時）とのやり取りも掲載している。しかし森氏は「文春の記事ですべて終わり」「文春での話は文春の中で解決すればいい」などと、まったくなんの言質も取らせない、ある意味で見事な対応で終始している。

こうなると、たけしとカウスのどちらの主張が事実であるかを証明するのは、極めて困難だ。五代目山口組組長の身内から、「たけしが贈った絵」とされるものが出てくれば、話は別だが。

いずれにせよ、たけしが「暴力団との関係」をめぐり、多大なストレスのなかにあったのは事実と言える。だからこそ、『週刊文春』のインタビューに対し、暴力団排除条例について次のように答えたのだろう。

〈その条例は、本当に嬉しくてしょうがねえよ。芸人にとって、本当に助かる。昔、喫茶店でお母さんに連れられた子供がいて、『ファンなんです』といわれて写真を撮ったんだ。その子がかわいかったから、オモチャでも買いなって二千円を渡したの。すると、若い衆を引き連れた親父が『おお、たけちゃん、悪いな』って出てきて、肩を組んで写真を撮ったんだ。
その後、事務所に『お礼に奢りたい』と電話があって、断ってたら、最後には若い衆が怒り出したんだよ。『てめえ、せっかく、こっちが誘ってるのに』って。
でも、これからは条例を盾に断れるんだから、本当にありがたい〉（『週刊文春』11年9月29日号）

◉山口組、住吉会、稲川会のトップ３人に会ったことがある稀有な芸能人

ウソ偽りのない言葉だろうが、この考え方にも盲点はないか。暴排条例は、暴力団を干上がらせるため、彼らと親密な企業や個人を圧迫するのがその趣旨だ。つまり、この条例に引っかかってペナルティを受けるのは、一義的には「カタギ」なのだ。そして、暴力団は警察の包囲網をすり抜けるため、より巧みに正体を偽装する。たけしは『週刊文春』のインタビューのなかで、山口組弘道会系の企業舎弟と目されている人物と、あくまでその人物の素性を知らないまま、会っていたことを認めた。

〈「実業家だろ？　ヤクザなんて、聞いたことないよ。その人が逮捕されたことは知っているけど、その後は会ってない。ヤクザの名刺ももらってないし、わかんねえよ」〉（同前）

芸能人の「暴力団リスク」は暴排条例の施行後も、決して小さくなってはいないのだ。

ヤクザと芸能界

▼詐欺容疑で逮捕された闇社会の有名人

〝芸能界最大のタニマチ〟西麻布の「闇紳士」と〝迎賓館〟に群がった芸能人

「ABCホーム」創業者であり、〝芸能界最大のタニマチ〟といわれた塩田大介が、2019年7月に詐欺容疑で逮捕された。「塩田マネー」に群がった芸能人たちと闇社会との関係、そして政界への影響とは――。

文＝大山 糺
ジャーナリスト

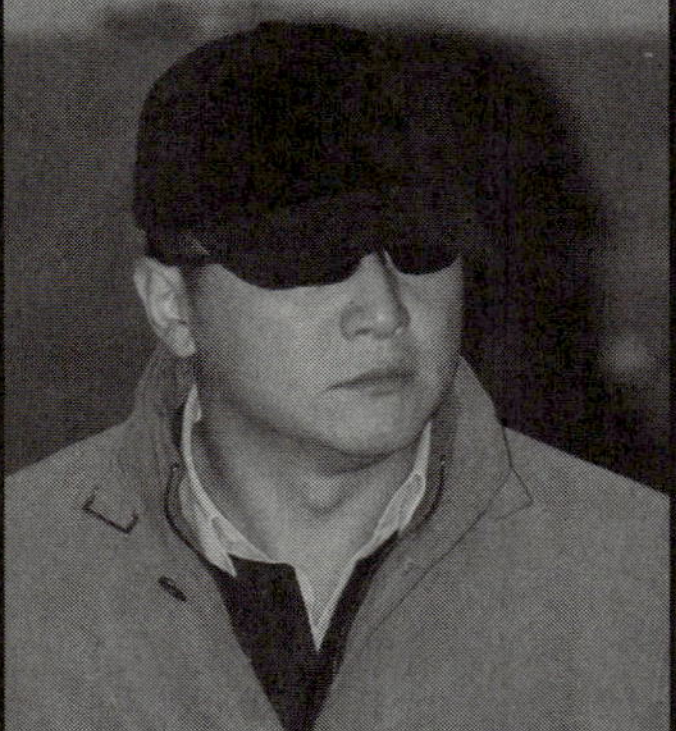

東京地検特捜部による半年以上にわたる捜査が実を結んだのは、今年（2019年）7月3日のことである。企業主導型保育所の開設をめぐり、信用組合から融資金名目で約1億990万円を詐取した詐欺容疑で、コンサル会社・WINカンパニー社長の川崎大資容疑者（51）ら3人を逮捕したのだ。

社会部記者が解説する。

「待機児童解消を目的に16年度に創設された企業主導型保育事業の制度を悪用した詐欺事件でした。川崎容疑者の逮捕容疑は18年10月、企業主導型保育所の開設をめぐり、公益財団法人『児童育成協会』から整備費助成決定を得たかのように偽った書類を横浜幸銀信用組合に送付。土地取得費や建築費などの融資金としてWIN社の会社口座に入金させて騙し取ったというものです。

川崎容疑者の正体は、不動産会社『ABCホーム』を創業した塩田大介。あの塩田が養子縁組を経て、本当に名前を変えて別の商売をしていたとは驚きです」

実は、川崎容疑者は芸能界において〝闇紳士〟として知られていた。塩田と酒席をともにしたことがある芸能プロダクション幹部が言葉を続ける。

「塩田は政財界から芸能界に至るまで幅広い人脈を誇り、芸能界のスポンサーとして名を馳せていたほか、闇社会とのパイプ役として知られていました。第一線で活躍している芸能関係者の間では、塩田の存在は有名でしたよ」

塩田とは、いったいどのような経歴の人物なのか。

「塩田が生まれ育ったのは、大阪の在日コリアンの家庭でした。高校卒業後、単身上京し、中古マンション販売会社『青山メインランド』に入社。その後、持ち前の営業力でめきめきと頭角を現したといいます」（塩田を知る不動産会社社長）

若き日の塩田が多大な影響を受けたのは、政財界、芸能界、スポーツ界に幅広い人脈を誇り、稀代《きだい》のタニマチと称された同社創業者・西原良三氏だった。

塩田は西原氏のもとでビジネスのノウハウを学んだあと、独立を果たす。1994年、「ABCホーム」の設立に関わると、バブル崩壊後に売れ残った大手不動産業者の在庫物件を「ドメインシリーズ」と命名し、破竹の勢いで利益を上げていった。

「同社はもともとマンション管理や不動産賃貸業を中心に経営を展開していましたが、彼が社長に就任した00年以降、マンション販売中心に業務転換するのです。大手デベロッパーから在庫物件を安価で買い取り、通常の価格で販売する方法で急成長を遂げた。塩田は時代を見る目があったのでしょう。業績は鰻上りで、かつては高額納税者に名を連ねたこともあった」（同前）

巨万の富を得る一方で、塩田が目をつけたのが艶やかな芸能の世界だった。

ある会社経営者が、塩田と芸能界の深いつながりについて次のように証言する。

「05年に塩田さんは銀座の有名クラブのママと結婚したのですが、その時の結婚披露宴は凄まじかった。媒酌人を務めたのは、自民党の中川秀直元衆議院議員。列席者は酒井法子、菊池桃子、保阪尚希、中村玉緒という錚々たるメンバーですよ。さらにスポーツ界からは野村克也、石井琢朗、ラモス瑠偉が披露宴に花を添えていました。ママの人脈もあったと思いますが、参列者は200人を軽く超えていました」

西麻布迎賓館

西麻布交差点から徒歩3分の閑静な住宅街には、かつて塩田が所有する「西麻布迎賓館」と称された5階建ての建物があった。1998年、塩田は会社名義などを使って計8部屋あったマンションの購入を進め、2004年までに全部屋を保有。塩田の栄華を印象づける同物件には夜な夜な芸能人たちが集まり、豪華絢《けん》爛《らん》な〝西麻布の夜〟を演出していた。

塩田の知人が「西麻布迎賓館」の全容について語る。

「5階建てのマンション1棟が丸々店舗となっており、さながら闇紳士たちの秘密の社交場のようでした。客同士が交流するのは4階のバースペース。そこには500種類のワインがあり、カラオケ、ダーツ、ゲームなどが楽しめる。特筆すべきは、露天風呂にジャグジーが完備されていること。全体的に女性受けを意識し

◉「迎賓館」があった西麻布。隠れ家的な店が多く芸能人の“巣窟”ともいわれる

たつくりになっており、リラクゼーションルーム、足つぼマッサージ、ネイルなども堪能できた。当時流行っていた酸素カプセルまでありましたよ」

屋上には温水プールがあり、東京の夜景を一望しながら神戸牛のバーベキューを食べるという、これ以上ない贅沢な演出がなされていたという。

「当時、『西麻布迎賓館で飲めば、芸能人と知り合える』といわれていました」(同前)

夜の西麻布を彩ったのは、塩田と旧知の仲の著名人たちだった。ホスト役の塩田は、元プロゴルファーのK、Dなどのスポーツ選手、塩田と〝兄弟分〟といわれるミュージシャンMらと連日酒宴を開いていたという。

「Mさんと塩田さんは本当に仲が良くて、六本木の高級クラブで豪遊していたこともあります。その他、迎賓館では、アイドルのK、元バレーボール選手のKなんかも見たことがある。でも、この店は単なる飲み屋ではなく、〝目的〟を持った芸能人も多かった。要するに違法ギャンブルですよ。5階にはバカラルームが

あり、3階には麻雀卓が完備されていて、そこでは札束が飛び交っていました」（同前）

東京地検特捜部に会社法違反（特別背任）の容疑で逮捕された大王製紙・井川意高《もとたか》前会長の姿もあったという。自らの城を持った塩田は、次第に唯一無二の芸能界のタニマチとして知られた存在になっていった。

「塩田はゴルフが非常にうまいんですよ。自身が主催したゴルフコンペに芸能人を招いたこともあった。コンペのたびに『今度のコンペで○○がゲストで来てくれるから小遣いを渡してあげてよ』と知り合いの会社経営者から金を集めていた。芸能人やスポーツ選手としては『塩田さんについていけばよくしてくれる』と気を許していました。コンペやパーティのたびに芸能人やスポーツ選手に金をバラ撒き、徐々に手懐けていく。古典的な手法ではありますが、天性の人たらしだった」（芸能関係者）

一方、塩田の豊富な情報力に魅せられていた著名人も多かったという。

「幅広い人脈から得られた投資情報などを目当てにやってくる芸能人も多く、カジノ好きの著名人にはカジノ旅行を提案していました」（同前）

そんな塩田の手練手管に堕ちたのが、当時一世を風靡していた朝青龍だった。塩田は元横綱の朝青龍のタニマチとしても知られていたが、両者の関係は、ある事件をきっかけに白日のもとに晒されたのである。

「10年1月、塩田が朝青龍を連れて、関東連合の有力OBであるX氏が経営する六本木のクラブ『F』で飲んでいたとき、朝青龍がそのX氏を殴打するという一件がありました」（スポーツ紙記者）

写真週刊誌の報道により暴行事件が明らかになり、その結果、朝青龍は引退を余儀なくされた。

山口組元組員との2億円トラブル

「塩田の行く先々には、常に暴力と事件があった」と証言するのは、前出の知人である。

「塩田を語るうえで外せない人物が、山口組臥龍会元幹部のK氏でしょう。1997年、東京・赤坂のホテ

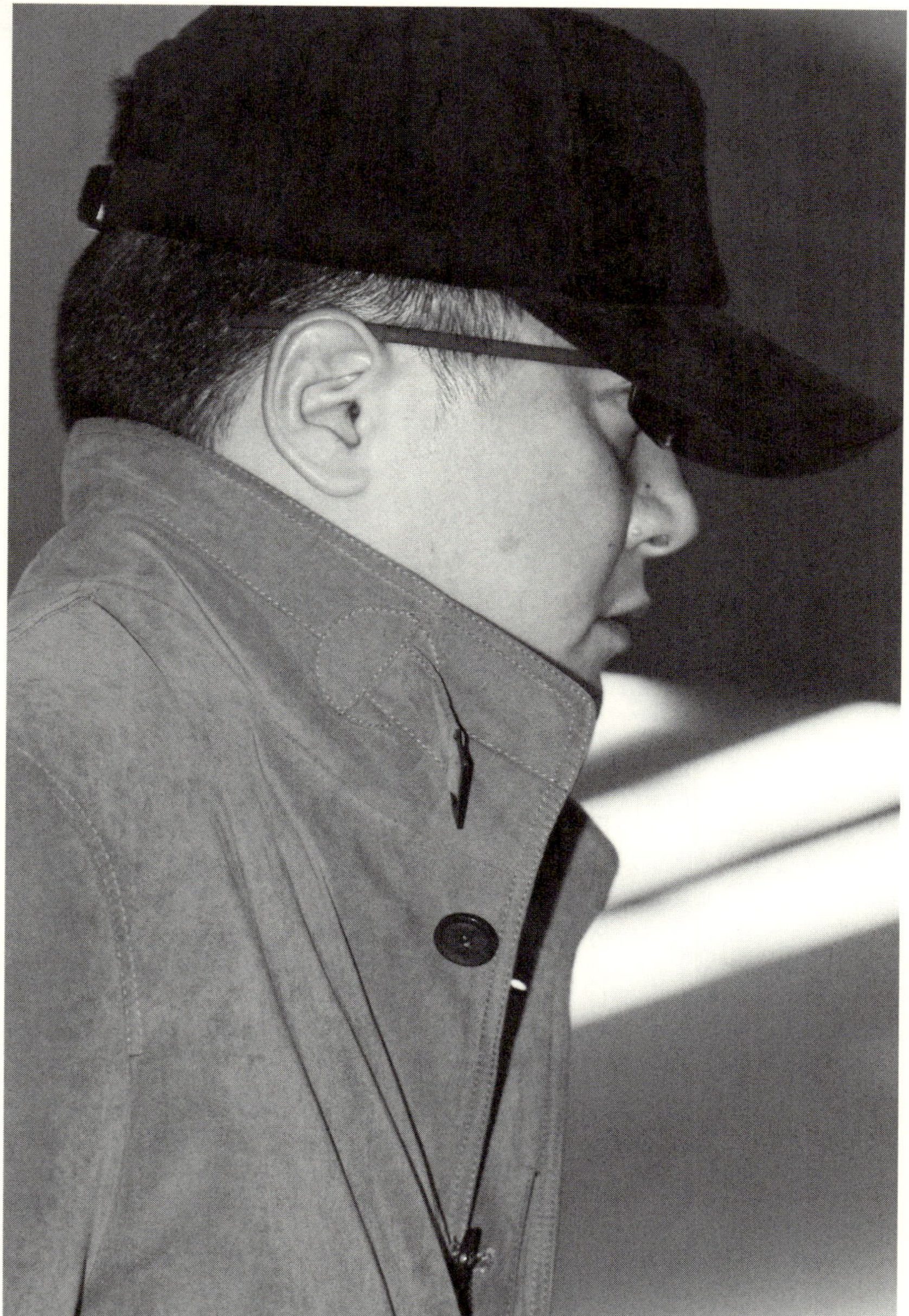

◉脱税事件で海外逃亡から帰国したときの塩田大介容疑者（2008 年撮影）

ルでK氏とアイドルHの結婚披露宴が盛大に行われました が、列席者は芸能関係者を中心に約200人。塩田の披露宴と負けず劣らずの豪華さでした。その頃からK氏は塩田と同様、芸能界と闇社会をつなぐパイプ役として知られるようになったのです」

暴力団排除条例が全国で施行されたのは、2011年10月1日のこと。その1カ月前の同年9月1日未明、西麻布の〝社交界〟を震撼させる事件が起こった。塩田が自宅前で3人の暴漢に襲われ、大怪我を負ったのだ。塩田を襲撃したのは、かつて強固な友人関係を築いていたK氏とその知人だった。

その事件の顛末をK氏の知人が打ち明ける。

「要するに、金で揉めたんですよ。(11年)8月中旬、塩田が韓国へのカジノ旅行をK氏らに企画したんです。ところが、K氏はカジノで2億円を溶かしてしまった。その後、K氏は塩田が韓国に行く直前に周囲にメールで〈アイツらギタギタにやっつける〉と送っていたことを知り、『塩田にイカサマでハメられた』と激怒。その日、K氏は塩田の自宅から韓国カジノの顧客名簿とキックバック率を書いたメモを奪い取ろうとして殴り合いになったそうなのです」

K氏の襲撃により、塩田の右目は失明寸前、前歯はへし折られたが、塩田は近くの飲食店から出刃包丁を持ち出し、応戦したという。

「塩田とK氏の双方と親しかったのが、ミュージシャンのMさんでした。K氏は塩田と競い合うかのように芸能人脈を誇示してきましたが、とくに仲が良かったのは覚せい剤事件で逮捕された俳優Tです。K氏はTの元妻の女優とも関係が深く、プレゼントを贈っていた。ところが、この暴行傷害事件以降、週刊誌などが事件を報じるなかで、付き合いのあった芸能人は蜘蛛《くも》の子を散らすように彼らから距離をおき始めたのです」(同前)

その事件以降、彼らを取り巻く環境は一変した。暴力団対策の担当部署である警視庁組対4課が塩田、K氏の周辺を監視対象としたのである。もっとも、塩田が事件を起こしたのは企業主導型保育所の開設をめぐる詐欺事件だけではない。

「08年、塩田は約2億円の脱税をして法人税法違反容疑で逮捕されています。新築マンションの在庫物件を買い取る際、取引会社2社が仲介しているように装い、架空の手数料を計上。取引会社から手数料をキックバックさせるなどの手口で、03〜04年、約5億1800万円の法人所得を隠し、法人税約1億5500万円を免れた巨額脱税事件でした」（前出・スポーツ紙記者）

04年当時、「ABCホーム・」は売上100億円を突破。3年後には152億円を超え、急成長を遂げていた。当時、同社は「脱税しているという認識はない。東京国税局の調査は受けたが、理解されたと思っている」と主張したが、犯行を主導していたのはワンマン創業者である塩田だった。

「塩田は逮捕状が出ることを察知し、直前の2月に海外に逃亡。香港やマカオなどで約10カ月以上、逃亡生活を続けていました。逮捕後、テレビ局は空港での移送シーンを撮影し、『政界や芸能界に人脈を持ち、社交ダンス界のスポンサーとなるなどタニマチとしても知られる』と報じましたが、社交ダンス界どころではない。塩田マネーは当時、芸能界全体にバラ撒かまれていた」（前出・不動産会社社長）

起訴後、塩田は懲役2年、執行猶予4年、罰金1800万円（求刑懲役2年、罰金3100万円）が言い渡された。裁判長は次のように塩田を断罪した。

「巧妙な手段を尽くした大がかりな犯行。計画的で手口は悪質。塩田被告は脱税の指示、証拠隠滅行為を主導したうえ、海外逃亡といわれても仕方のない行動を取った——」

「迎賓館」の競売妨害容疑で逮捕

この脱税事件で、塩田が手掛ける不動産業の業績は一気に傾き始めた。「ABCホーム・」は事実上休眠状態に陥り、指定暴力団山口組の関係者からも多額の借金をするなど、金銭トラブルが絶えなかった。

「その頃の塩田は、さかんに芸能人とのつながりを知人の会社経営者などに自慢し、それを担保に多額の借金をしていました」（前出・不動産会社社長）

警視庁組対4課が競売入札妨害容疑で塩田を逮捕したのは、脱税事件から約4年後のことである。

前出の社会部記者が解説する。

「2012年3月、『西麻布迎賓館』の競売を虚偽の登記で妨害したとして逮捕されたのです。逮捕容疑は07年10月以降、4階の部屋の増築部分を別の部屋であるかのように偽って登記したうえ、『売却した』と裁判所に嘘の申し立てをして競売を妨害したことでした」

ある捜査関係者が明かす。

「塩田の逮捕以前に実兄、雄司容疑者ら5人を逮捕し、塩田を指名手配していた。脱税事件以降、捜査当局に目の敵にされていた塩田の台所事情は相当厳しかったようです。塩田は06年、迎賓館全体を担保に商工組合中央金庫から4億5000万円の借り入れを行いましたが、自転車操業のため返済が滞り、08年10月、東京地裁が競売開始を決定していました。その難を逃れるため、塩田が藁をもすがる思いで頼ったのが〝登記の魔術師〟といわれる小野塚清でした」

前出の社会部記者が言葉を続ける。

「小野塚は東京都内の〝事故物件〟を手掛ける不動産ブローカーとして有名な存在でした。小野塚の主張は『迎賓館全体が担保になっている以上、一部が他人に譲渡されていれば、たとえ入札して迎賓館を手に入れても他人に渡った部分については所有者と改めて交渉しなければならなくなる』というもの。登記に関する知識が驚くほど豊富で、競売で落とそうとする業者がいると、あの手この手で妨害する。だから『小野塚案件』には、誰も触りたがらなかった。塩田は保有資産が人手に渡るのを避けるため〝先生〟と称する小野塚を頼ったのです」

塩田への助成金が政界へ!?

二度の逮捕を経て、塩田はかねてより付き合いのあった芸能人から疎まれるようになったという。かつて芸能界のタニマチが起死回生を狙ったのが、冒頭の保育事業だった。妻の姓である「川崎」に改姓し、心機一転。拠点を福岡に移し、再スタートを切ったのだ。

「政府肝いりの『企業主導型保育所制度』に目をつけたあたりは、さすが塩田と言わざるをえない。不動産ビジネスを展開していた頃の塩田は芸能人脈こそ力の源泉でしたが、事件後に彼が頼ったのは〝政治力〟だった。自分自身を利用するだけ利用し、事件の当事者になると関係を断ち切ろうとする日和見主義的な芸能人には、ほとほと嫌気が差したようです」（前出・不動産会社社長）

現在、塩田はチェーン展開を図ろうとした全国33カ所の企業主導型保育園「キッズランド」の大半において10億円を超える助成金を騙し取った疑いが持たれている。だが、前出の捜査関係者によると、その助成金の一部がある政治家に渡っている疑惑があるというのだ。

「自民党のAですよ。問題点は、Aが待機児童対策を所管する内閣府の上層部の人間だということ。塩田は保育園事業に関係する知人の会社経営者をAに紹介し、実際パーティ券購入を持ちかけ、数百万円単位の金が流れているとみています」（前出・捜査関係者）

芸能界を捨てた塩田が一発逆転を夢見て臨んだ新たなビジネスは、長年の因縁のある東京地検特捜部の捜査により脆《もろ》くも崩れた。さらに事件は政界を揺るがす一大スキャンダルに発展しかねないのである。

（本文中敬称略）

▼スジを通したのは故・安岡力也だけ

芸能人たちが頼った「住吉会」の大物と「Vシネ俳優」秘話

ヤクザと芸能人の関係は伝統的な共生関係であり、一朝一夕にできたものではない。〝昭和の残滓〟であるこの両者の蜜月を、平成が過ぎ、令和になってから騒ぎ立てるのは今さら、だ——。

文＝鈴木智彦
フリーライター

1997年、暴力団専門誌の編集部に入社し、取材に出かけるようになると、すぐさま多くの芸能人と鉢合わせした。

当時、私が編集長をしていた『実話時代BULL』という雑誌で、住吉会の鈴木龍馬会長補佐の連載が始まり、毎月一度、自宅を訪問してインタビューすることになったのだが、その場所に怪しい面々に混じって芸能人らが遊びに来たからである。いや、そもそも芸能人こそが怪しい人種だったかもしれない。実際、彼らの〝遊びに来た〟には裏があった。彼らはヤクザの力にすがっている。到底、まっとうな人間の思考回路とは言えない。

最初、鈴木会長補佐の自宅は東京・赤坂の高級マンションにあって、同じ階には建築家の黒川紀章が住んでいた。のち佃島のタワーマンションに引っ越したが、ここにも芸能人がひっきりなしにやってきた。分譲物件を賃借していると聞いた。当時はまだ暴力団が賃貸物件を借りられた。

鈴木龍馬は、銀座警察の直系である大日本興行の幹部で、銀座の二郎こと直井二郎の若い衆から渡世入りしたヤクザである。直井は戦後の都会派ヤクザの筆頭格で、芸能界とのつながりが深かった。

直井との交流をはじめ、芸能界とヤクザの腐れ縁を暴き、我が古巣の『実話時代』を引用しながら書かれた『やくざと芸能界』（講談社）の筆者・なべおさみからも、鈴木龍馬の紹介で電話をもらった。

鈴木龍馬はヤクザと芸能界のハブ的存在だったのだ。

芸能界のトラブルシューター

当人からは、故・勝新太郎とは浅からぬ仲と聞かされた。事実、取材の最中に何度も、その妻である中村玉緒や実の娘などから頻繁に電話があった。売れなくなったアイドルたちも遊びに来た。反面、反社会的勢力への闇営業問題で揺れ動く吉本興業の芸人たちはただひとりもいなかった。

ヤクザの大半は、鈴木ほど芸能界に顔が利かない。彼の交友関係は、一種、ヤクザとしても特別である。

しかし、鈴木の求心力がヤクザという社会的属性にあったことは疑う余地がない。図抜けた力で集めた甘い蜜がなければ、芸能人という派手な羽根をなびかせた蝶が寄りつくことはない。

その交流を見ていると、表面上、鈴木は芸能人の庇護者にしか見えなかった。というものマンションを訪れた芸能人は、決まってトラブルに巻き込まれており、猫なで声を出しながらその解決を懇願したからだ。

「しょうがねぇな〜」

腕を組みながらそうつぶやくと、たいてい、その場で数件の電話をかけ、悩める芸能人たちをレスキューしていく。心配顔の俳優やタレントの顔から険しさが消え、安堵の表情に変わる瞬間を何度も見た。

持ち込まれるトラブルは多岐にわたった。

ストレートに借金を申し込むこともあったし、投資詐欺や怪しい商売に引っかかってその回収を依頼してきたり、金の問題がもっともよくある話だったろう。ヤクザは銀行のように慎重ではない。面倒なプロセスを経由せずとも、すぐに大金を貸し付けてくれる。当然、高額な金利は支払うのだろうが、それにしてもかなりの芸能人がヤクザの裏金を頼っており、浮き沈みの激しさを連想させた。

その他、女性問題に巻き込まれたり、プロダクションの移籍問題だったり、ゴシップ写真を撮られたなど、よろず相談事が持ち込まれていた。裏社会の重鎮への相談らしく、博奕の借財や、ヤクザの経営する地下カジノでのトラブル解決などもあった。

こうした深刻な問題ばかりか、夫婦や親子の喧嘩を仲裁したり、浮気がばれた俳優の妻に電話をかけ、その説得をすることもあった。芸能人が繁華街に出店したことでトラブルに巻き込まれたと電話があったときには、急遽、出かけねばならなくなり、取材が途中で中止になったこともあった。

芸能界のトラブルシューターは、その後、我が身に降りかかった深刻な問題によって八方ふさがりの事態に陥り、あまたの芸能人が来訪した自宅で割腹自殺をして落とし前をつけた。失意の中の死を目の当たりにして、それまで世話になっていた芸能人たちは一斉に

◉安岡力也。ヤクザ相手にも最後まで恩義を貫いた

そっぽを向いた。

葬儀に駆けつけた芸能人はたったひとり、故・安岡力也だけだった。彼は出棺にも立ち会い、世話になった親分の棺を担いでいる。だから私は、このロックンローラー以外、鈴木龍馬宅に入り浸っていた芸能人を一切信用していない。

ある演技派俳優の「矜持」

ヤクザの居宅で繰り広げられる丁々発止だけを目撃してきたのではない。ヤクザ専門誌は、裏社会の住人であるヤクザの、表の姿をメイン記事にしている。裏の裏側は書けなくても、義理事と呼ばれる盃や葬儀などは取材許可が出る。

とくに彼らにとっての晴れ舞台である代目継承盃の取材は、祝儀と同じく、艱難《かんなん》辛苦を乗り越えてきたご褒美のひとつとして機能している。普段、裏社会の住民らしく沈黙を余儀なくされていても、一世一代のこの時だけは、思いの丈をしゃべってもいいとされていた。

もちろんだからといって組織批判はできないが、マスコミを毛嫌いする組織でも、例外的にお目こぼししてくれる。この時ばかりは雑誌取材を歓迎してくれたのである。

暴排条例が施行されるまで、こうした盃は料亭などを貸し切って行われた。相応の広さがあったので、盃はその後の宴席とセットで行われていた。

こうした場所にはおめでたい場所に花を添えるゲストとして、様々な芸能人が来訪していた。そこそこの知名度を誇る演歌歌手、俳優、アイドル崩れから、相撲取り、プロ野球選手、物まねタレント、コメディアン、格闘技家など、端で見ている分には楽しかった。

当時はヤクザも景気がよかったため、一時期、東京湾のクルーズ船を貸し切って盃を行うのが流行したことがある。部外者の目を気にする必要がないし、さすがに警察のカメラから狙われることもない。監視の目を気にしなくてすむ船上の宴席に出席した芸能人たちは、堂々とミニコンサートを開催していた。

ステージで持ち歌を熱唱し、当日の主役であるヤクザに、「親分、今日はおめでとうございます」と祝辞を述べ、太鼓持ちを演じ続けた。

芸能人の来訪など慣れっこだったとはいえ、抗争事件の渦中に行われた襲名式に、自衛隊出身の演技派俳優がやって来たときはさすがに驚かされた。幹部が銃撃され、警察も厳しい警備をしているため、普段なら見逃されても「密接交際者」に認定されるだろうし、実際、会場は警察に囲まれていたのだ。

ちょうどコンプライアンスがやかましく言われ始めた頃であり、たまたま話す機会があったので、2、3質問をぶつけた。俳優は笑顔で、

「批判があってもそんなことは全然気にしていない。会長との付き合いにやましいところはひとつもない」

と言い切った。

またホテルなどの宴会場を使って、ヤクザの新年会や誕生会も頻繁に開催されていた。

抗争事件のヒットマンが出所した際に行われる放免祝いだけ、警察がこれを自粛するよう要請していたた

め、そうした宴席は「激励食事会」と名前を変えて行われた。覚せい剤売買の〝薬局〟として有名な組織が、東京都の施設を使って宴会を開いたこともあった。ヤクザであっても顧客には違いなく、彼らに会場を貸すことはなんら非難されることではなかった。

こうした宴席にもヤクザからのチップを目当てに、多くの芸能人たちがやってきた。一番多かったのはステージがこなせる歌手だった。

当時もヤクザとの交流が〝黒い交際〟としてマスコミに取り上げられることはあった。カメラを持って会場をうろつく我々は、「芸能人を撮るな」とやかましく言われた。その際、もっとも激しくこちらを恫喝してきたのは、プロ野球選手あがりの演歌歌手だった。反面、志賀勝のようにヤクザっぽさを売りにしていた人らは、特段、うるさいことは言ってこなかった。

「Vシネ」のスポンサーは暴力団

その後、古巣である『実話時代』に連載を持っていた親分がVシネマの制作に進出し、芸能人とのコンタクトはいっそう頻度を増した。

当初は健全経営だったのだが、そのうち、ヤクザ丸出しで衣装代などを踏み倒し、「台本があれだけ大きなサイズ（A4）である必要はない」と言い出し、ポケットサイズで印刷するなど、業界をさんざんかき回していたのだが、当時、ヤクザの実録Vシネマが爆発的にヒットしていたため、双方に金儲けができたと推測している。

何しろヤクザがヤクザの映画をつくるのだから、クレームを気にする必要がない。当事者映像も頻繁に挿入できるし、すべて実名で脚本をつくれるといった強さがある。さらにこの頃のVシネマは当該暴力団がその制作資金を捻出していた。山口組の抗争事件なら山口組が、独立組織ならその当事者が数千万円出資するのだ。

映画制作のスポンサーなので、当然、キャスティングや脚本にも口を出す。この当時の実録Vシネマが決定的に面白くないのは、そのためである。

出資のメリットはそれだけではなかった。出した金に見合うだけ、十分なリターンがあるほど、実録もののVシネマは売れていた。

Vシネマに出演している俳優は、当然、モデルかつスポンサーである当事者のヤクザに接触しなければならない。というより、役作りのため、ヤクザとの接触は業務の一環だったろう。大阪にある独立団体の幹部は、私にこう言い放ったことがある。

「ヤクザの本当の姿を知りたければ、Vシネマの俳優に話を聞けばいい」

それは決して本当のヤクザの姿ではなく、見栄えのいいヤクザの一断面でしかないのだが、それだけ公私ともにヤクザの身近に俳優たちがいたわけだ。

宣伝のため撮影現場を訪れ、俳優たちに話を聞いたこともある。こっちがびっくりするほどまじめに実録映画での役作りを考えており、その真剣さには圧倒された。

ただ、ヤクザと深く付き合っていくうち、どんどんその貌《かお》が暴力団的ないやらしさに染まっていく様子は、見ていてつらかった。当人にとっては役作りの一環なのかもしれないが、ミイラ取りがミイラになってしまったような危うさがあった。

先日、とある指定暴力団トップが急逝し、その通夜・告別式に参加した。現在のヤクザ社会では飛び抜けて有名な親分で、まさに全国区の知名度を持った人である。

しかし、警察の圧力もあって昔のように派手な葬儀はできず、一般人に迷惑がかからぬよう、連休中に火葬場の施設を借り切って行われた。一般人が立ち入る心配がないためか、祭壇の近くに生前撮った思い出の写真が飾られていて、そのなかに有名女優とのツーショットがあった。

芸能人の闇営業から、反社会的勢力との交流が問題視され、連日のように黒い交際がワイドショーで報道されていた直後だったが、遺族や参列者に写真を複写しようとする不埒な者はいなかった。

何しろ故人はヤクザ社会の超有名人であり、こうした交流のほとんどは芸能人から接近してくる。周囲の

◉山口組直営の芸能プロダクション「神戸芸能社」。所属した美空ひばりは、田岡組長を「おとうちゃん」とまで呼んでいた

者にとっては今さらであり、なんら珍しい写真ではなかったのである。

「芸能人とヤクザ」共生の歴史

冒頭の例を見てもわかるとおり、暴力団は芸能人の保護者だった。

芸能が興行によって成り立っていた時代は、ヤクザ独自のネットワークを使って興行が組まれ、管理、移動、マネジメントの一部もヤクザたちが行っていた。

当時、ヤクザは芸能人たちを〝荷〟と呼んでいた。宅配業者が荷物を傷つければ保証するように、荷に何かあって興行が中止になればヤクザが保証するし、ドル箱の人気の荷が盗まれないようガードもする。

日本最大の暴力団である山口組の二代目・山口登は、当時、人気絶頂だった浪曲師・広沢虎造を囲い込もうとした吉本興業の依頼を受け、そのトラブルによって殺された。

テレビという新しいメディアが生まれ、興行にかわってテレビ放映が莫大な利益を生むようになっても、ヤクザたちはこれまでの蜜月によって芸能人のバックに鎮座していた。

昭和を代表する歌姫である美空ひばりが、三代目山口組・田岡一雄組長を「おとうちゃん」と呼んでいたのは、まさに田岡組長が公私にわたってその面倒を見ていたからである。

当時、山口組も自分たちを近代化・法人化し、神戸芸能社をつくって、美空ひばりをはじめ多数の芸能人を在籍させていた。つまり有名芸能プロダクションを暴力団が直営していたわけで、山口組の機嫌を損ねれば紅白歌合戦すら行えなかった。

また戦後は任侠映画が大ブームになったこともあって、映画の世界もヤクザを頼っていた。ロケ地に有名な顔役が居住していれば、主演クラスの俳優がプロデューサーとともに訪問し、手土産を渡し挨拶をする。宴席をともにすれば撮影許可が出ることもあるし、関係者たちに仕事を振ってようやくロケができるようになることもある。

ばかりか、何しろヤクザを題材にした映画だから、博打場などのディテールや本引きの詳細なルールは当事者であるヤクザに聞かねばならない。こうなると企画・構成からヤクザが映画に噛むようになり、エキストラにも本物のヤクザが多数登場する。事実、高倉健の主演作をはじめ、東映の任侠映画には、かなりの本物がカメオ出演している。

当時、それは「本物が出ていてリアルだ」と賞賛されこそすれ、非難されることではなかった。

のちヤクザ映画が実録路線を進むようになると、用心棒としてのヤクザはいっそう存在価値を高めていった。押し寄せるヤクザからのクレーム防波堤に、東映がカリスマ・田岡組長の実子である田岡満をプロデューサーに抜擢したことはよく知られている。山口組とがっちりスクラムを組んだ東映は、警察によって狙い撃ちのような取り締まりに遭い、興行成績が振るわなくなっていったこともあって、ヤクザとの付き合いを少しずつ薄めていったのだ。

考えが甘いのは芸能人

　このようにヤクザと芸能人の関係は伝統的な共生関係であり、一朝一夕にできたものではない。現在も暴力団の持っている法人がその営業品目に芸能興行を掲げているのはその名残で、つまり昭和の残滓である。平成が過ぎ、令和になってから、両者の蜜月を騒ぎ立てるのは今さらでしかない。

　実際、今も付き合いはある。

　わかりやすいところで言えば、暴力団のPRビデオ的なVシネマに出ている俳優は、モデルとなったヤクザと会って役作りをせねばならず、それを黒い交際と呼ぶなら全員がクロだ。

　とある有名俳優は、指定暴力団のトップに、「一緒に飯食うのも駄目なの?」と質問し、「当たり前だろ」とたしなめられていた。

　その他、プロスポーツ選手などのトラブルに暴力団が顔を出すこともある。考えてみてほしい。どれだけ凄いピッチャーであっても、ホームランバッターであっても、彼らはただ野球だけができるだけ、それによって多額の報酬を稼ぐだけの人だ。海千山千の経験を持つヤクザがつけ入るのはそう難しいことではない。

　ただし、もっともヤクザに近づきたいのは、売れなくなった芸能人である。

　人気商売は波があり、それだけで食えるうちはヤクザと付き合ってもデメリットしかないだろう。だが、人気に陰りが見え始め、誰もが見向きもしなくなったとき、落ちぶれた歌手に食事をごちそうし、即興のミニステージに高額のギャラを支払ってくれるのはヤクザなのだ。どれだけたいそうな理想を掲げたところで、現実には金をくれる人がいい人である。

　現在、暴力団は芸能人との交流がマスコミの餌食にならないように、つながらないよう細心の注意を払っている。「俺たちが本当のことをしゃべったら大変なことになるよな」と冗談では言っても、秘密が漏れないよう気を遣っている。一緒に食事をするときにも、店を貸し切り、入退場を別々にするなど、まるでスパイ映画のようである。間近でその様子を見ていると、考え方が甘いのは芸能人のほうだと感じる。

「先日知り合いのタレントが何度も電話してきて、一緒に飯を食おうと言う。今はまずいと断るんだが、『俺は気にしない』と甘っちょろいことを抜かすので、店に電話し、勘定はこっちが払うので好きに飲み食いさせるよう伝えた」（指定暴力団幹部）

芸能人のごっつあん体質が消えない限り、両者の交流は消滅しないだろう。

（本文中敬称略）

ヤクザと芸能界

▼「小遣い100万円」に群がった芸能人たち

芸能界〝最強のパトロン〟後藤元組長と芸能人たちの「親密動画」実況中継！

五代目山口組の東京進出の立役者であり、芸能界に多大な影響力があったとされる後藤組・後藤忠政元組長。当代の人気歌手や俳優、そして〝芸能界のドン〟との交友の実態とは——。

文＝大山 糺｜ジャーナリスト

「この日、行われたのは山口組二次団体（当時）の後藤組・後藤忠政組長（当時）の誕生パーティでした。パーティの様子は、後藤組長が芸能界にいかに影響力を持っているかを如実に表すものだった」（芸能関係者）

静岡県内のゴルフ場で36組、141人が参加した一大ゴルフコンペが催されたのは、2008年9月16日のことである。コンペの開始時間は朝8時。後藤組幹部はもちろんのこと、他組織のトップがこぞって集結し、全員が回り終えたのは夕方頃。その後、ゴルフ場から車で30分ほどの距離にあるイベントホールには、参加者約200人が一堂に会し、盛大なパーティが行われた。

誕生パーティ出席で紅白アウト

主役の後藤組長が登場したのは、パーティ開始から1時間後のこと。司会役の歌手・角川博と松原のぶえが「組長、誕生日おめでとうございます！」と挨拶すると、1曲ずつ持ち歌を熱唱し、飲めや歌えやの歌謡ショーが始まった。瞠目に値するのは、貴賓席に座っていた芸能人たちの姿だった。

細川たかし、小林旭、中条きよし。NHK紅白歌合戦の常連である人気歌手や俳優が勢揃いしていたのだ。当日の参加者のひとりは「パーティ序盤でマイクを握った細川たかしの歌声が今でも耳に焼きついている」と証言する。

「細川さんは早くも泥酔していたのか、赤ら顔で『北酒場』『兄弟仁義』などを披露していましたよ。大トリを飾ったのは小林旭でした。3～4曲披露したのですが、『熱き心に』が流れると、場内は拍手喝采でした。コンペ代を含め、会費は計5万円ほどだったと記憶していますが、これだけ豪華なメンバーの生歌が聴けるのであれば安いもの。主役の後藤組長は、大物歌手たちのリレー歌唱に終始ご機嫌でしたわ」

パーティがお開きになったのは、夜9時頃だったという。だが、時を経て、後藤組長にとって予想外の出来事が起こった。パーティの様子が『週刊新潮』につぶさに掲載され、物議を醸したのだ。

◉ＮＨＫ紅白歌合戦から“引退勧告”を受けた細川たかし

そのパーティの約2年前の06年5月8日、後藤組長は渋谷区の「真珠宮《しんじゅく》ビル」の売買に絡み、所有権を不正に移転させた電磁的公正証書原本不実記録・同共用の疑いで逮捕されている。逮捕者は後藤組長を含め、合計10人以上に及んだ。

「その事件を経て、ゴルフコンペ問題が浮上したことで、のちに後藤組長が極道を引退するきっかけになったのです。当時の山口組執行部は、会合への欠席が多かった後藤組長に問題決議を起こし、処分を検討。それに対して後藤組長が猛反発し、執行部と対立したのです。結果、彼は引退を余儀なくされた」（週刊誌記者）

現役暴力団組長と芸能界の蜜月関係は波紋を呼んだ。ＮＨＫは「公序良俗に反する可能性あり」として彼らの出演禁止を決定。細川や松原は同年末のＮＨＫ紅白歌合戦の出場辞退をするよう言い渡されたのである。

「ちなみに、小林、松原は前日に行われた後藤組長の小中学校の同窓会にも参加し、歌を披露しており、弁解の余地もなかった」（同前）

伊丹十三監督を刃物で襲撃

芸能界に多大な影響力を誇った後藤元組長とは、いったいどのような半生を歩んできたのか。

1942年、後藤組長は東京府東京市荏原区に4人兄弟の末っ子として生を受けた。戦時中、2歳の時に父の実家がある静岡県富士宮市に疎開して以来、同地で多感な青少年時代を過ごしたという。

後藤組を結成したのは、川内組組員だった69年のことである。川内組組長・川内弘は、菅谷組組長であり三代目山口組若頭補佐であった通称ボンノこと菅谷政雄の舎弟だった。時は流れ、84年7月、竹中正久を組長とする四代目山口組が発足すると、後藤は山口組直参に昇格した。

以後、後藤組長は一和会との山一抗争で積極的に〝汗を流した〟。その名声は全国に轟き、やがて〝武闘派〟として知られる存在になっていった。

山口組関係者が後藤組長の功績について語る。

「五代目山口組の東京進出の立役者として、勢力拡大に貢献したのが後藤さんでした。後藤組の名を全国区に知らしめたのは92年の出来事。（後藤組の）組員5人が、民事介入暴力に携わる暴力団を描いた映画『ミンボーの女』の監督・伊丹十三を刃物で襲撃したのです。のちに後藤さんは、自著『憚りながら』（宝島社）で（後藤組の）組員が伊丹監督を襲撃することは知らなかったと明言したうえで『ヤクザである限り、極道の代紋掲げている限り、あの映画を見て不愉快にならんかった者は当時、ひとりもいなかったはずだ』と語っています。ヤクザの領域を侵した場合には容赦ない制裁を加える──これが後藤組長の行動原理なのです」

後藤組長のもうひとつの顔は「経済ヤクザ」という側面である。豊富な資金力をバックに日本航空の個人筆頭株主に躍り出たこともあった。

「2001年4月、持病の肝臓病が悪化し、アメリカでの手術が必要になった後藤さんが、（入国の許可を得るために）山口組の機密情報をFBIに流し、いわゆる司法取引を行ったことはあまりに有名です」（同前）

02年7月、莫大な上納金を納めてきた後藤組長は山口組若頭補佐に就任。05年8月、六代目山口組の発足に伴い、同組舎弟に直った。それから約3年後、前述のゴルフコンペ問題で山口組から除籍処分を受けたのだ。

引退後の10年5月、後藤元組長は前出の『憚りながら』を刊行。芸能界の人脈について以下のように書き記している。

〈その頃（35歳前後）は、芸能人のディナーショーとかもやったな。鶴田浩二を呼んだり、勝新を呼んだり、あと元大関の増位山とかな。フランク永井と松尾和子も来た。「東京ナイトクラブ」がヒットしてた全盛の頃だ〉

〈だいたい歌手にしても、芸人にしても、半ヤクザみたいな人間ばっかりだったから、みんな好きなんだよ、ヤクザが。だからお互い、面白く付き合えたんだ。勝新なんて、しょっちゅう朝まで一緒に飲んでたよ。芸人なんかでも、俺の所で育った人間はいっぱいいいるしね〉

「愛人」だった3人のタレント

後藤元組長は芸能人との交遊を振り返る一方で、前述のゴルフコンペについても言及している。『週刊新潮』に報じられた細川ら芸能人に対し、「あれは可哀想なことをした」と語ったものの、芸能界との付き合いについてはこう喝破するのだ。

〈俺も昔は、若い衆らに言われて芸能プロダクションの社長や格闘技のプロモーターとかいわれる連中と遊んだけど、9割は俺が銭、払ってるんだから。俺があいつらのタニマチみたいなもんだ（笑）〉

後藤元組長と関係の深い元組員は、次のように両者の関係性について分析する。

「傍から見ていると、むしろ芸能人のほうから『後藤会長、後藤会長』と言って関係を求めているように見えましたね。実際、後藤さんは『あいつを呼べ。パーティに来てもらえ』とは絶対言わない人なんですわ。それでも後藤さんは周囲が気を遣って呼ぶわけです。それでも後藤さんは

◉現役時代の後藤忠政・元後藤組組長（撮影／眞弓準）

1回呼べば50万円、100万円はお小遣いとして包む。歌手や芸人にしてみれば、今で言うところの闇営業のようなもんでしょう。しかも、当時の時代背景からすれば、芸能人は後ろ盾が必要じゃないですか。何か自分自身がトラブルに巻き込まれた際、後藤さんの力で助けてもらいたいという魂胆が見え隠れしていましたね」

後藤元組長は自著で、いわゆる興行について次のような見解を述べている。

〈だいたい、マスコミや世間の人はいまだに、『興行をヤクザが仕切ってる』と思ってるようだが、もうそんな時代じゃない。そりゃ若い衆のなかには、芸能プロダクションの連中と個人的に親しいのは何人かいたが、別に芸能界でメシ食ってるわけじゃないんだ。第一、今どき興行なんて、ヤクザが仕切ったところで儲からないんだよ。小遣いにもならんわ〉（『憚りながら』より）

では後藤元組長は芸能界と関わることにより、どのようなメリットがあったのだろうか。

その一端を垣間見ることができる第一級の資料が流出したのは、07年6月のことである。警視庁北沢署の巡査長がファイル交換ソフト「ウィニー」を通じて捜査資料を流出させる事件が起きたのだ。

社会部記者が解説する。

「文書約9000件、画像約1000件、合わせて約1万件ものデータが流出したのです。その流出ファイルのなかには、警視庁組対4課が作成した暴力団の名簿があり、さらに後藤組長のプライバシーに関する情報が含まれていた」

それによると、3人の女性タレントが後藤組長の「情婦関係」と記載され、愛人関係にあったことが明記されていた。前出の芸能関係者が女性タレントの実名について明かす。

「当時、芸能関係者の間では話題になりました。筆頭格は元レースクイーンのS。そして、歌手のM、さらにグラビアアイドルから女優に転身していたKですよ」

00年8月の渡航データには、備考欄にKの名前が記されていた。当時、Kは覚せい剤取締法違反容疑で逮捕された三田佳子の二男・高橋祐也との交友関係が浮上し、三田が住む大豪邸の地下パーティに参加していたことが報じられていた。

「1998年10月から99年8月にかけ、後藤組長とSは四度の海外渡航をするなど、親密な仲だったことは揺るぎようのない事実。Kは周囲に対し、後藤組長との関係を認めています」（同前）

〝芸能界のドン〟との関係

後藤組と芸能界には、長年にわたる濃密な歴史がある。後藤組の芸能部門として業界に強い影響力を行使していたのは、直属の下部組織である良知《らち》組だ。

同組は静岡県吉田町に本拠を置く暴力団で、六代目山口組の三次団体だったが、前述したように山口組からの除籍処分により後藤組長が引退すると、後藤組は解散、良知組と藤友会（富士市）に二分された。

かつて後藤組と関係が深かったのは、大手事務所を率いる〝芸能界のドン〟といわれるS氏だった。S氏はサザンオールスターズや浜崎あゆみなどの権利をいち早く所有し、版権ビジネスを展開した人物として知られているが、業界団体である「日本音楽事業者協会」の権力者として長年君臨してきた。

前出の芸能関係者は、S氏の力の源泉について「あらゆる組織と付き合うという〝多角的外交〟が功を奏した」と解説するが、〝後見人〟のひとりが後藤組長だったという。

「Sさんは後藤さんばかりではなく、関西のある組織のトップをケツモチにつけたり、関東の右翼のドンを後ろ盾にしていたこともあった。『僕は○○組の関係ですから』と言うのが口癖で、立場によって名前を出す組織を使い分けていた。そんなSさんの日和見主義的な態度に後藤さんも『あいつは仕方のないヤツだな』と呆れ返っていたようです。でも、Sさんは意外と義理堅くて、夏には地元で取れたスイカなどをお中元で送りつけ、『これからもよろしくお願いします』と電話を入れるので『あいつはしっかりしている』という声もあった」

当時はヤクザと芸能が渾然《こんぜん》一体として共存する、おおらかな時代だったのだ。

「うまいもの、食べさせてもらってます！」

ここに1本の動画がある。

この動画が撮られたのは、今から20年以上前の1998年9月。後藤組長の自宅で催された盛大な誕生パーティの様子を収めたものだ。

広大な庭に並べられた円卓で拍手を送るのは、俳優の小林旭、千葉真一、中野英雄、安岡力也というお馴染みの面々。さらに歌手の清水健太郎、内藤やす子、江木俊夫、天地真理の姿もあり、元ボクサーの薬師寺保栄、漫談家の綾小路きみまろ、正道会館元館長の石井和義、格闘家の故・アンディ・フグなど、有名人ばかりが笑顔で収まっている。

その日、当時56歳の後藤組長の誕生日を祝うと同時に、自宅の新築祝い、夫妻の結婚30周年を祝う目的でパーティが開かれたという。後藤組長と芸能人の〝親密〟な関係が浮かび上がる重要なシーンを描写してみよう。

「後藤邸の新築パーティ、並びに後藤忠政会長の誕生パーティに足をお運びくださいまして本当にありがとうございます！」

その日、司会役の綾小路きみまろが言葉を発すると、会場のボルテージは一気に上がった。

後藤組長がステージに上がり、綾小路に盃を差し出す。その後、清水健太郎が「同級生のみなさん、お久しぶりです」と挨拶。当時、清水は大麻取締法違反容疑などで前科3犯、実刑を受けた直後だったため「元受刑者」を「同級生」と表現したのだろう。さらにパーティの中盤、薬師寺保栄は終始目を瞬かせ、こう語っていた。

「自分は後藤会長と知り合ったのは……名古屋の弘道会の司忍会長に紹介していただきまして知り合いました。それからずうっと可愛がっていただきまして、今日初めてここに来て……ほんまに『極道の妻たち』のビデオかテレビに出てくるようなところに来て（笑）、びっくりしてます」

司会者の江木俊夫がすかさず合いの手を入れる。

「映画を観ているよりも、もっともっと（暴力団の世界の）中は深いですから、もっともっとお付き合いをなさったほうがいいと思います」

その動画には、芸能人たちが後藤組長を手放しで持ち上げる様子が余すところなく収められていた。

「いい酒と、うまいもの、食べさせてもらってます！」（安岡力也）

「会長のお名前は、私の住むロサンゼルスにも鳴り響いております！」（千葉真一）

あまり知られていないが、綾小路に至っては4年後の年末、「後藤組事始め式」で漫談ライブを披露している。02年といえば、後藤組長が勢力を拡大し、山口組の最高幹部である若頭補佐に就任して間もない頃である。

「この間、刑務所に慰問に行ってきました。凄いところですね、あそこは。拍手をしてくださるのですが、音が聞こえない。みんな指のない方ばっかりです」

いつになく緊張の面持ちの綾小路が軽妙なトークを繰り出したが、反応はいまいちだったという――。

暴力団と芸能界を取り巻く環境は、時代とともに徐々に変化していった。

「ゴルフコンペ問題が起こり、後藤組と芸能界の関係が明るみに出てからというもの、芸能人たちのなかには後藤組長と距離をおくようになった者もいる」

後藤元組長に近い元暴力団関係者が呆れ声で言う。

「芸能人たちは所詮、そんなモンですよ。後見人になってくれと調子のいいことを言って、さらには小遣いまでもらって、それが問題化しそうになると『プライベートな付き合いは一切ありません』と手のひら返しをする。『ヤクザと友達関係で何が悪い』と言い放ったのは、小林旭くらいのもんです」

現在、後藤元組長は自伝的映画のプロデュースに携わっているという。

（本文中敬称略）

▼高倉健をスーパースターにした男

「東映ヤクザ映画」の舞台裏 俳優と暴力団を結んだ異端の「映画プロデューサー」

1960～70年代、一世を風靡した東映のヤクザ映画。映画というフィクションを媒介に、大物俳優と暴力団社会をリアルに結びつけたのは、ある異端の映画プロデューサーだった。

文＝伊藤博敏｜ジャーナリスト

高度経済成長期の1960年代から70年代にかけて、東映は暴力団社会を描いて多くの観客を集めた。『博徒』『日本侠客伝』『昭和残侠伝』『関東流れ者』『緋牡丹博徒』『網走番外地』『仁義なき戦い』『日本の首領』……。

こうしてシリーズ化された作品群のほかに、『山口組三代目』『最後の博徒』といった実在の人物をモデルにした映画や、『まむしの三兄弟』『シルクハットの大親分』といったコミカルなヤクザ物、『望郷子守唄』『冬の華』といった哀感漂う作品まで、多様な品揃えで観客を飽きさせなかった。

鶴田浩二、高倉健、菅原文太、松方弘樹など東映俳優のリアルな演技と抑制の効いた仕草と表情に観客はシビれ、映画館を出るときには自分が主役を演じ、殴り込みをかけたあとのように興奮、誰もが肩をいからせていた、というエピソードが残る。

そのリアルさは、今では考えられないことだが、俳優と暴力団幹部との密接な交際によって支えられていた。たとえば、日本一の暴力団組長となった田岡一雄の青春を描いた『山口組三代目』（73年公開）である。

撮影の合間、京都・太秦《うずまさ》の東映京都撮影所に出向き、高倉健の撮影を見守った田岡は、高倉を食事に招いてねぎらった。高倉の付き人が、高級料亭でフグをごちそうになったときの思い出を語る。

「2人は機嫌よく、いろんな話をしてました。三代目は組の内幕も話し、冗談めかして『健ちゃん、お前やったら組を任せるで。継いでくれんか』と、言ってました。ただ、困ったのは、三代目が旦那（高倉のことをこう呼ぶ）にしきりにフグ肝を勧めはるんです」

フグの肝臓には毒があり、食用は禁じられている。一方で、美味といわれ、好んで食す食通も多い。口がピリピリし、それが興をそそるというが、命を落とす危険もある。

「三代目は、鍋に入れ、少しピンクになったところで、躊躇せず、ぐいぐい食べていく。『男やったら、このぐらいのもん、食わな仕方ないぞ！』と凄むわけです。私は、旦那の付き人やから、ヘタを打たすわけにはいかんし、危ない目にも遭わさられへん。そこで、三代目が横を向いとる間に、旦那の皿をパッと空の自分の皿と取り替えて、私が食べました。口がしびれて生きた心地がせんかったです」（同前）

こうした日常のふれあいが、ヤクザらしい所作を身につけさせた。セリフは覚えられるが、立ち居振る舞いの所作は一朝一夕に身につくものではない。組長クラスの大物との交遊が、リアルな演技を生んだ。

東宝から鶴田浩二を引き抜く

これらの映画群を、凝縮した二十数年の間に、ひとりのプロデューサーが、東映俳優と暴力団との〝触媒〟となりながらつくりあげたと聞けば、驚かずにはいられまい。

俊藤浩滋《しゅんどうこうじ》——。

1916年、神戸に生まれ、戦前戦中と、地元組織が開帳する賭場に出入りする無頼の生活を送る。戦後、軍需関係の会社にいたことから軍需品の横流しで大儲け、そのカネで戦災のなかった京都に移り住み、窮乏を知らない生活を謳歌している間に、映画界の巨匠・マキノ雅弘に出会う。

ただ、マキノの映画作りを手伝うなど、俊藤は周辺者にすぎず、本業は、祇園の芸妓《げいぎ》「おそめ」こと上羽《うえば》秀《ひで》が経営するバー「おそめ」のマスターだった。上羽は俊藤の愛人で、彼女との間に子どももできた。大阪には妻子を置いていたから二重生活である。

京都木屋町の「おそめ」は、京都のお歴々に愛されて繁盛し、55年、その勢いで東京銀座に出店、文壇バーとして一世を風靡する。大映映画『夜の蝶』のモデルであり、おそめは、山本富士子が演じた。

常連客には大佛次郎、川端康成といった文人、東郷青児、岩田専太郎らの画家、政治家の中曽根康弘、右翼の三浦義一、プロ野球の水原茂、別当薫……。ひいき筋は年々増え、60年になると上羽は、凱旋するように京都・御池に「おそめ会館」を開いた。

俊藤は、あくまで上羽の裏方だった。俊藤の元秘書が振り返る。

「おそめ会館は、ステージを備えたナイトクラブで、

◉ 1973年、『海軍横須賀刑務所』製作発表の記者会見に臨む俊藤浩滋（左）。中央は主演の勝新太郎

当時のトップスターが出演しました。ディック・ミネ、美空ひばり、鶴田浩二、フランク永井……。ナイトクラブでも興行は暴力団の〝仕切り〟で行うもの。それがトラブルなしで運営できたんは、俊藤さんが〝その筋〟にパイプがあったからやね」

俊藤が東映プロデューサーになるきっかけは、「おそめ」の客だった鶴田浩二の東映への移籍だった。鶴田は、東宝のトップスターで破格のギャラを取る人気者だったが、大川博・東映社長から「鶴田を東映に引っ張れないだろうか」と相談を受けた俊藤は、映画会社が俳優を契約で縛る「5社協定」をかいくぐって、鶴田の移籍を成し遂げた。

そのプロデューサー的手腕が認められ、俊藤は、大川社長や岡田茂・東映京都撮影所長（後に社長）に、いろいろな相談を受けるようになり、62年、「おそめ会館」に出演していた歌手のアイ・ジョージを主人公にした映画をプロデュースする。この『アイ・ジョージ物語　太陽の子』が、生涯に288作品を製作する俊藤の第一作となった。

マキノのもとで映画製作を手伝ったことがあるとはいえ、本格的に関わったのは初めてで、46歳と遅いデビューだった。だが、戦前、戦中、戦後の混乱を「表」と「裏」を往来しながら生き抜き、2つの家庭を持ち、「おそめ」の人脈で各界の名士と付き合いのある俊藤は、映画プロデューサーという天職に出会い、水を得た魚のように映画作りに熱中する。

高倉健を任侠映画の主役に抜擢

ただ、最初は師匠のマキノ雅弘監督で、『次郎長三国志』などをシリーズ化して製作。〝手習い〟の期間を経て、初めて自分の色を出した映画が、『博徒』だった。「自分が、若いときに出会った本物のヤクザを描きたい」という野望が実った。

明治の中頃、任侠道一筋に生きる大阪の博徒を演じるのが鶴田浩二。東京から流れてきて鉄道工事などの利権を狙い、悪辣な仕掛けをする新興ヤクザを演じるのが天知茂。監督は小沢茂弘で遠藤辰雄、松方弘樹、藤純子、里見浩太朗など、後の俊藤作品に欠かせない役者が出演した。藤は俊藤の本妻の次女であり、後に緋牡丹博徒シリーズで主役の「お竜」を演じる。

襲名披露の儀式や博打場のシーンがリアルに描かれ、それは様式美といっていい世界であり、その一方で全身に彫られた刺青を血に染めて斬り合う凄惨かつ迫力ある出入りが、観客を沸かせた。同時に、任侠道を貫くのは義理と人情の「男の美学」であり、それが経済成長へ向けて身を粉にして働くうち、大切なものを失っているんじゃないかと疑う観客の心を鷲づかみにした。

64年7月に封切られた『博徒』は大ヒットする。すぐに鶴田浩二主演でシリーズ化。さらに東映が任侠路線を確かなものにするのは、高倉健を主演にした『日本侠客伝』を、俊藤がプロデュースしてからだ。任侠映画は、鶴田と高倉を二枚看板に、次々に製作されるようになる。

高倉は、東映ニューフェイス第2期生として入社した。デビュー作は56年公開の空手アクション映画『電

◉俊藤プロデュースの『日本侠客伝』が高倉健の役者としてのターニングポイントとなった

光空手打ち』。50年代の東映は時代劇が中心で、高倉の出番はない。59年、歌手の江利チエミと結婚。江利は、当時、美空ひばり、雪村いづみと「三人娘」で売り出され人気を集めていた。したがって、高倉は60年代初頭まで、「江利チエミの旦那」にすぎなかった。

その高倉に『日本侠客伝』の主役が回ってきたのは偶然である。当初、この映画は勢いのなくなった時代劇を、任侠映画として復活させたいという思いを持つ京都撮影所長の岡田が、俊藤に命じ、マキノ雅弘監督で、時代劇スターの中村錦之助（後に萬屋錦之介）の新局面を打ち出そうとして企画された。だが、錦之助は断った。

錦之助が、撮影所の複雑な労組問題に肩入れしていたせいだというが、ともあれ代役が探され、高倉に白羽の矢が立った。

「目千両の役者の世界で、三白眼の健さんじゃ主役は無理、という意見もあった。不器用な人やったしね。でも、俊藤さんは、『行ける』と。『着流しで侠客をやらせたら、健ちゃんほど似合う人はいてへん』と見抜き、実際、スクリーンの大画面で見て、それを痛感した。健さんも、それまでの熱血漢役やひばり映画の相手役は面白うなかったんですわ」（東映京都撮影所関係者）

俊藤の判断も、「義理と人情」の世界に自分の新機軸を見出そうとした高倉の計算も、間違いなかった。

舞台は東京・深川。材木運送の老舗・木場政組は、新興の沖山運送から妨害を受け、仕事を奪われるが、じっと耐え忍ぶ。その窮状を救おうとした客分が、ひとり乗り込んで惨殺され、ついに立ち上がった小頭の辰巳の長吉（高倉）が、子分を引き連れ沖山運送に乗り込んで沖山兄弟を刺殺する――。

『日本侠客伝』は、『博徒』とともに任侠映画の代表作となり、高倉・俊藤コンビは、この作品だけでなく、『昭和残侠伝』『網走番外地』なども次々にシリーズ化、高倉は大スターへの道を歩み始める。

“不夜城”を支配した男

東映京都撮影所は、右京区太秦にあり、今も撮影が行われている。任侠映画が最盛の1960年代は、東映の興行は週替わりで2本立て。年間100本以上の映画を撮影しており、撮影所の明かりが落ちることはなく、不夜城の趣だった。当時の撮影所スタッフが、俳優の序列を明かす。

「門をくぐると、右手に俊藤さんの芸能プロダクションの事務所・オスカーがあり、俳優に会うときは、ここに一声かけて、俳優会館に向かうのが習わしやった。4階建てでエレベーターはなく、スターには2階の個室が与えられ、3階にはスターを目指す役者が控える部屋。大部屋やね。みんな2階に移り、プレートに自分の名前が入った部屋を持つのが夢やった」

時代劇に替わって任侠映画が中心になると、8畳から10畳はある個室に、鶴田浩二、高倉健が入った。撮影所内で俊藤が権勢を振るうことができたのは、トップスターとなった鶴田が、「兄貴」と俊藤を立て、スターへの階段をのぼっている高倉が、俊藤の言うことは何でも聞いたからでもある。

撮影所には多くの暴力団幹部が出入りし、それを俊藤は認めた。彼らの目的は様々だった。

興行の打ち合わせ、ロケでのトラブルを防ぐ警備体制の確認、本職しか知らない盃事などでの儀式や言葉使い、博打場での所作などの演技指導……。

俳優も訪問を拒まなかった。高倉は無口で無愛想な印象だが、部屋に行くと、自分でうまいコーヒーを入れてくれ、饒舌にいろんな話をしたという。親交があった暴力団幹部が懐かしむ。

「健さんといえばコーヒーやね。あの人は、酒を飲まへんから、朝から晩までコーヒーを飲んどった。わしが部屋に行くと、自分で湯を沸かして挽き立てを入れてくれるんやが、これがうまい。あの人にコーヒーの味を教えてもろうた」

東映は、任侠映画を量産する一方、73年からは鶴田、高倉の次の大スターとなる菅原文太主演で、『仁義なき戦い』をシリーズ化、実録路線を打ち出す。『任侠』と『実録』の併存だが、この間、ほかの映画会社が手を出せず、東映の独壇場だったのは、俊藤プロデューサーの力によるところが大きい。

菅谷政雄、松浦繁明との「仁義」

俊藤が、フィクションの世界で暴力団を自在に描き、時に実録領域、ノンフィクションの世界に入っても暴力団とトラブルを起こさなかったのは、暴力団、侠客の世界に精通していたからで、そこには「仁義」を結んだ2人の暴力団組長がいた。

ひとりは、三代目山口組で若頭補佐を務めた菅谷政雄。もうひとりは、山口組の地元・神戸に本拠地を置きながら、独立を保っていた松浦組の松浦繁明である。

通称で「ボンノ」と呼ばれる菅谷は伝説のヤクザ。少年時代、あまりの素行の悪さに「煩悩をいさめよ!」と、寺の住職に怒鳴られ、以降、自分でも気に入って「ボンノ」と名乗った。一方、松浦もまた、神戸では菅谷と並ぶワルで、戦前は愚連隊を率いていた。

彼らが出入りしていたのが神戸・五島組の賭場で、その親分が大野福次郎だった。全身に刺青を入れ、口数は少なく、「若い衆」の行儀作法には厳しい。堅気の人からカネを巻き上げるようなことはせず、義理を重んじ、人情に厚い。俊藤の描く任侠映画のモデルのような親分だった。

終戦後、菅谷は台湾人グループを加え「国際ギャング団」を組織、旧日本軍の物資を強奪するようになる。その過程で、対立する在日朝鮮人系愚連隊組織とトラブルになり、相手方の幹部殺害事件に関与、46年に逮捕され、懲役18年の実刑判決を受ける。

この時、菅谷とともに逮捕された愚連隊の一員が、こんな裏話をしたことがある。

「終戦直後は組に入っているもんより、愚連隊のほうが力があった。その時、台湾人などもグループに加え、『国際ギャング団』を率いとったのがボス(配下が菅谷を呼ぶ際の呼称)。英語が多少できて、不良の米軍人と交渉などを行い、知恵袋的存在としてボスを支えとったのが俊藤さんやった」

俊藤は、いち早く京都に逃れ、殺人事件に関与することはなかった。一方、菅谷は、刑期を5年早めて59年に仮出所、すぐに愚連隊時代から縁のあった山口組

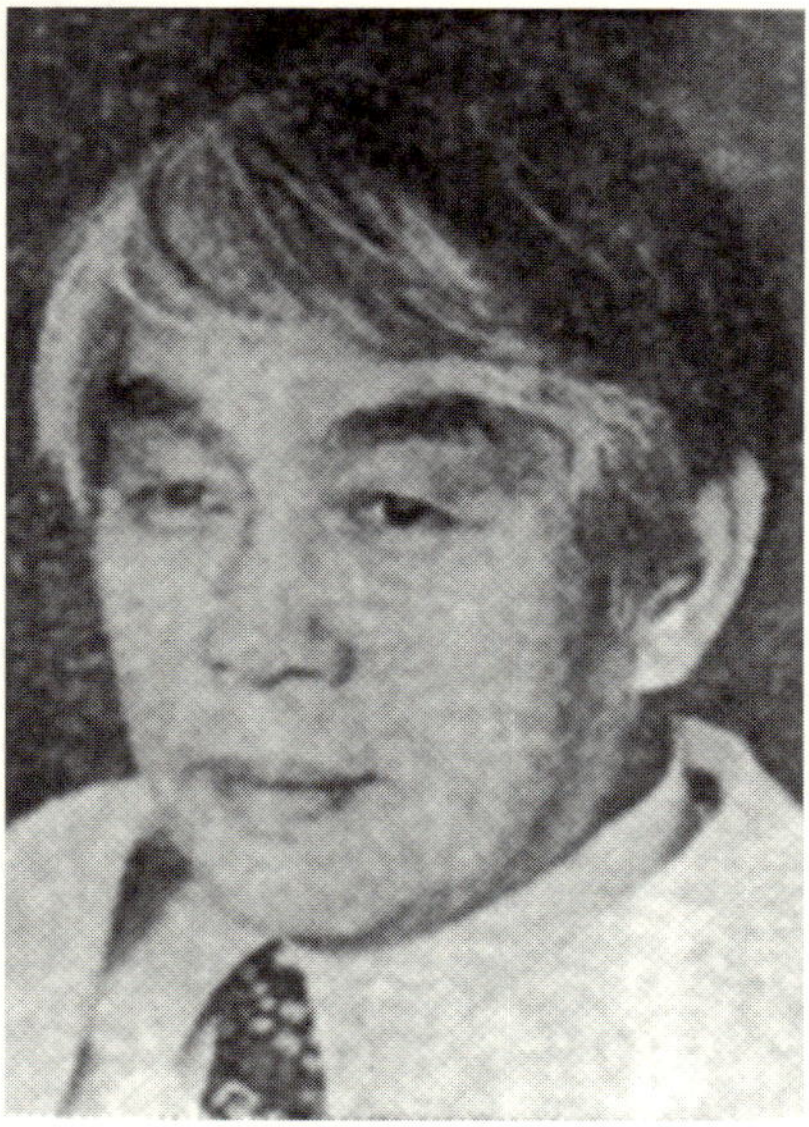
◉“ボンノ”こと菅谷政雄

三代目の田岡一雄から盃を受け、直参となった。

菅谷組は、菅谷が留守の間、愚連隊時代の配下が、下地をつくっていたことと、60年代の山口組の急膨張もあり、瞬く間に全国に支部を置き、約１２００人の組員を抱える大組織となる。63年には、ナンバー2の若頭を支える若頭補佐となった。

一方、松浦もまた、愚連隊から組組織に変え、戦後はパチンコの景品買いなどを主なシノギに神戸でそれなりの規模を誇った。関東の住吉会と親戚関係にあるのも松浦組の強みで、「東」と「西」の橋渡しも務めた。

俳優たちの〝守護神〟だった暴力団

俊藤が、戦後、京都で上羽とともに「夜の世界」で生きるようになり、人脈を広げ、１９６２年、映画プロデューサーとなったことは前述したが、その頃、かつての盟友、菅谷政雄と松浦繁明が、稼業の世界でそれなりの「顔」になっていたことが役に立った。彼らの存在が、東映がトラブルもなく暴力団社会を描くことのできる秘訣だった。

スター俳優と暴力団との「持ちつ持たれつの関係」とはどのようなものか。松浦組の元幹部が明かす。

「ヤクザを映画にすると、悪く描かれるほうから文句が出るんやけど、その調整をするのがわしらの仕事。あとは、役者は若くて元気がいいもんで、酒やオンナで失敗することがあるし借金をつくることもある。そんな表にできんトラブルを、裏で〝仕切る〟んもわしらの仕事やね」

元幹部は、続けて87年、62歳の若さで亡くなった鶴田浩二の次のような事例を、「もう時効やから」と、教えてくれた。

「鶴さんの親しい人が、宝石を扱っとったんやけど、1億何千万円分の宝石を、預けた先が勝手に処分してしまいよった。その人がたいそうな借金を抱えてしまい、暴力団系の金融屋が追い込みにきた。そこで鶴さんが、『なんとかしてくれんか』と言ってきた。

こんなん処理できるのは、わしらしかおらん。金融屋のバックの暴力団と話をつけた。もちろん、鶴さんからカネなんか取らん。その代わり、年に1~2回、1回100万円というタダみたいな値段で、わしらが主催するディナーショーをやってくれた。普段は1ステージ500万円の人やで」

日本レコード大賞大衆賞を受賞した「傷だらけの人生」など数々のヒット曲があった鶴田なら、確かに格安の出演料といっていい。

もともと芸能界と暴力団は、興行を通じて不可分の関係にあった。田岡三代目は神戸芸能社を起こし、歌姫・美空ひばりを専属歌手とした。また、戦後、力道山というスターを得て、大人気だったプロレスの興行も仕切っていた。美空ひばりと力道山を二枚看板に、「わしらと一緒に興行を打って一緒に儲けるか、敵に回って事（紛争）を構えるか」と、地元組織に迫り、勢力図を広げていった。

その勢力拡大の切り込み隊長的な役割を担ったのが菅谷だが、武闘派の一方、仕立てのいいスーツにハットを被り、サングラスをかけてリンカーン・コンチネンタルを乗り回す洒落者だった。洋画とジャズを愛し、ジーパンをはきこなしたのも早かったという。だから、「親分」と呼ばれるのを嫌い「ボス」と呼ばせた。

俊藤は、自分の青春でもあった神戸の不良時代を懐かしむように、菅谷をモデルに『神戸国際ギャング』を映画化する。主演は高倉健。映画好きの菅谷への感謝の気持ちがあったことは否定できまい。

山口組がチケットを大量購入

山口組と俊藤との「貸借」の象徴が、1973年2月24日、大阪・中之島にある旧フェスティバルホール（2012年に建て替え）で行われたコンサートだろう。東映のスターが勢揃いした。

前出の俊藤の元秘書が懐かしむ。

「天井から音が降り注ぐ、といわれたほどの音響効果を誇った会場が満員やった。当時の映画スターは、映画主題歌を歌うものであり、歌手でもある鶴さんは別格に歌がうまかったけど、健さんも文さんも、味のある歌声やった。最初に、健さんが低くくぐもった声で、九州弁の歌詞の『望郷子守唄』を歌い、グッと観客を掴んだ。鶴さんは、〈これがやくざの、これがやくざの生きる道〉というフレーズで知られる『無情のブルース』を、着流し姿の文さんは、『関東テキ屋ブルース』を、藤純子は和服姿も艶っぽく、『緋牡丹博徒』を歌うとったね」

この公演は、映画『山口組三代目』を撮りたい俊藤の田岡三代目への配慮であり計算。この日は、田岡三代目の息子の満が、芸能プロ「ジャパン・トレード」を立ち上げ、その旗揚げ公演だった。『山口組三代目』は、73年8月の封切りだが、映画のプロデューサーに田岡満の名を並列させたのも同じ理由だ。

だが、それが警察当局を刺激した。

「ただでさえ警察が狙っている山口組三代目を美化する映画が気に入らないのに、その息子がプロデューサーになっているというので、『山口組に映画収益を資金提供した』という容疑をかけられ、東映の本社、撮影所、それに俊藤さんの自宅まで家宅捜査を受けました。事実は逆、山口組が大量にチケットを購入、ヒットに協力してくれたんです」（元東映関係者）

俊藤に逆風が吹き始めた。

続編は『三代目襲名』だったが、山口組とは打てなかった。『神戸国際ギャング』で、高倉の望まないセックスシーンを入れたことで、高倉との関係もギクシャクするようになる。高倉主演映画は、78年の『冬の華』を最後に途絶えた。その後、高倉は東映を離れ、『幸福の黄色いハンカチ』（松竹）に出演するなど、大物俳優への道を歩む。

盟友の菅谷も、77年、自らの舎弟を襲撃させて殺したとして、ヤクザ社会ではもっとも重い絶縁処分を山口組から受ける。意地を張って解散しなかったが、81年6月、田岡の元に行き、詫びを入れて組を解散。同年11月、死去した。

任侠路線も実録路線も飽きられ、同時に映画の衰退もあって、80年代に入ると、俊藤のプロデュース作品は急激に減り、99年、京都の会津小鉄会元総裁をモデルにした『残侠』を6年ぶりに製作、これが最後の作品となった。当時82歳。「あと、4作品構想がある」と、言いながら果たせず、2001年10月に死去した。

訃報を聞いた高倉は、新幹線に飛び乗って京都に向かった。俊藤宅を訪れたのは、通夜の席が午前零時を少し回ってからだった。「スター高倉健」を生んだ恩人の眠る枕辺で、高倉はじっと頭を垂れていたという。

（本文中敬称略）

ヤクザと芸能界

第4章 共生

▼あらゆる格闘界に影響力……〝武闘派組長〟の伝説

極真空手「大山倍達」が一目置いた〝殺しの柳川〟格闘技人脈の実相

山口組きっての武闘派として知られ、最強の「在日ヤクザ」と称された柳川組・柳川次郎組長。時の韓国大統領にも食い込んだ権力の源泉には、日本格闘技界での「人脈」があった。

文＝竹中明洋
ジャーナリスト

かつて大阪を拠点としたヤクザに柳川次郎という人物がいた。山口組きっての武闘派である柳川組の初代組長にして、「殺しの柳川」の異名で恐れられた。

1923年に日本の統治下の韓国・釜山で生まれ、7歳のときに母に手を引かれて日本に渡った在日韓国人でもある。韓国名を梁元錫という。59年に大阪のキタに柳川組を旗揚げしてから、わずか10年で爆発的に組織を膨張させ、1道2府10県で1700人もの構成員を数えたが、69年には組を解散して堅気となる。その後は一転して日韓の橋渡し役として暗躍した人物でもある。

私はこの柳川次郎を取材して、『殺しの柳川 日韓戦後秘史』（小学館）にまとめたが、柳川は現役時代も、そして堅気となってからも、スポーツ界や芸能界に幅広い人脈を持っていた。その一端を明らかにしたい。

「極真会館」の相談役

それは、1970年代初めのことだという。

千駄ヶ谷の東京体育館で空手の極真会館が開いた全日本空手道選手権大会にその男が姿を現すと、役員席の中央に座っていた館長の大山倍達はすぐさま駆け寄った。

普段の大山らしくない、あまりの慌てぶりに、弟子の添野義二（現在は士道館館長）は思わず「あの人は誰ですか？」と師に尋ねた。大山はこう答えた。

「きみ、あれが殺しの柳川だよ」

梶原一騎原作の漫画『空手バカ一代』で知られる極真会館は、大山倍達が創始した空手の流派だ。それまでの伝統空手がいわゆる寸止めルールを取っていたのに対し、フルコンタクト（直接打撃）を提唱し、最盛期には全世界に1000万人を超える会員を有した。

その極真会館の相談役が、柳川次郎だった。

極真会館の大山倍達とは、互いに「兄弟」と呼ぶ仲だった。自ら大山との関係をこう語っている。

〈終戦後のいわゆるドサクサと称される時期に私と大山館長との出会いがあった。私も館長も互いに若い血をたぎらせて大いに暴れていた頃である。館長との初対面のことを思い出してみたのだが、どうも角突き合わせてあわやケンカ一歩手前というところまでいったのではないだろうか。しかし、何がきっかけかは忘れてしまったが、その後すっかり意気投合してしまい、以来ずっと兄弟同様のおつきあいをさせてもらっている〉（『月刊パワー空手』82年9月号）

64年に極真会館が池袋に本部道場を建設した際には資金集めにも関わった。大山の高弟のひとりで、現在は極真館館長の盧山《ろうやま》初雄はこう振り返る。

「極真会館の支部長会議にも柳川相談役に出席してもらっていましたが、大山総裁の横に座り、じーっと話を聞いていることがほとんど。『あしろ、こうしろ』と口を挟むことは滅多にありませんでしたね」

トラブルが起これば、柳川に相談がいった。極真の後援者には運送会社の経営者がいた。ドライバーが運転中にヤクザとトラブルになると、柳川相談役に連絡して「なんとかならないでしょうか」と伝え、相手側と話をつけてもらうようなことも何度かあったという。

笹川良一と梶原一騎

その極真会館を吸収しようとしたのが、全日本空手道連盟（全空連）である。松濤館流や剛柔流など国内の空手各派の統一を目的に1964年に設立された。67年には日本船舶振興会会長で右翼の大立て者と呼ばれた、かの笹川良一が会長に就任した。笹川体制の下で全空連は日の出の勢いだった極真会館も傘下に収めようとした。

「全空連の技術部長のポストを提供するので、傘下に入ってほしい」

笹川はそう申し出たが、大山はこれを拒絶した。そればかりか、大山は全空連が寸止めルールを採ることを「ダンス空手」と公然と揶揄するようになり、双方は激しい対立関係となる。

政財界の黒幕として睨みをきかす笹川の圧力を凌ぐために期待されたのが柳川だった。

「笹川さんと大山先生が揉めるようになってから、柳

◉極真空手の創始者で在日人脈のキーマンでもあった大山倍達

川さんが相談役として前面に出るようになりましたね。大会のパンフレットにも顔写真つきで名前が出てくるようになりました。極真会館の内部でも『なんでヤクザを使うんだ』という声は相当あったのも事実です」

大山の弟子だった添野義二はそう語る。剛柔流九段の朝堂院大覚も柳川のそうした役割を認める。

「極真会館は実態よりも過大に評価されたところがあり、空手界からの妬みややっかみはいろんな形であった。その盾になったのが柳川さんや。大山や極真会館にとって最高の虫除けやったと思う」

極真会館にとって柳川が用心棒役だったことを如実に示している。

大山を一躍有名にした『空手バカ一代』の原作者・梶原一騎と大山が仲違いするようになったことはよく知られている。漫画がもたらした一大ブームによって入門者が激増したことで、極真会館は大きく潤った。いわば梶原は極真会館の恩人のような存在だったといえる。

しかし、梶原といえば、『巨人の星』や『あしたのジョー』などスポーツや格闘技を題材にした数々のヒット漫画の原作を手がけた一方で、その歯に衣着せぬもの言いや傍若無人な振る舞いで知られた。極真会館でも、梶原への反発が広がるようになる。

梶原は弟で作家の真樹日佐夫を大山の後継の二代目総裁にしようと画策し、ハワイで開いた大山・梶原・真樹による会合でそれを迫り、大山に拒絶されたと取りざたされた。さらに、梶原が製作、大山が出演した映画『地上最強のカラテ』をめぐり両者の間で起きた金銭トラブルもあって、極真会館を二分する騒動となった。

大山の弟子だった添野が当時を振り返る。

「関係がよかった頃は、柳川さんと大山先生、そして梶原先生は三兄弟のようでした。柳川さんが長男で、大山先生が次男、そして梶原先生が三男。この三兄弟のさらに下に芦原英幸師範がいて、その下に私という感じかな。梶原先生は赤坂にあったホテルニュージャパンに鏡張りの部屋を持っていて、柳川さんとはこのホテルでよく食事をしていました。梶原先生は池袋の

◉『空手バカ一代』で知られる人気劇画原作者の梶原一騎

会館に来ても態度がでかくてね、道場では床柱にもたれていて、大山先生が現れてもどかない。でも、柳川さんが現れたときだけは別です。すっと退いていた。それくらいの凄みが柳川さんにありましたね」

梶原・真樹兄弟の心酔

その梶原の弟の真樹日佐夫は、たびたび柳川との関わりを書いている。なかでも繰り返し書いたのは、大阪の暴力団組長とのトラブルを柳川に救ってもらったという話だ。

真樹が原作を担当し、漫画週刊誌に連載されていた劇画に『さすらい獣』がある。一匹狼の流れ者が各地を旅しながら悪事をはたらく暴力団を壊滅してまわるという筋立てだ。この劇画をめぐり1973年にトラブルが起きた。真樹の説明はいくつかバージョンがあってそれぞれ微妙に違うが、おおよそは以下のとおりだ。

劇画に架空の暴力団を登場させたところ、同名の暴力団が大阪に実在し、因縁をつけられた。掲載していた雑誌の編集長とともに組長のもとに詫びに向かったが、法外な迷惑料をつきつけられるだけで埒が明かない。そこに助け船を出したのが、極真会館の大山倍達だった。その大山が「大阪にはその世界に精通しとる友人がいる」と真樹に紹介したのが柳川である。柳川は「つまらんことに巻き込まれたものだな」と言って、暴力団組長と話をつけてくれた。

もちろん、劇画の件は不問に付すことになった。お礼の挨拶のため真樹が柳川の事務所に向かうと、柳川は手ずからインスタントラーメンを作り真樹を慰労してくれた——。

いかにも柳川らしいエピソードのようで、ややできすぎの感もある。

弟の真樹だけでなく、梶原一騎も柳川をよく取り上げている。遺作となった自伝的漫画『男の星座』では、梶原の分身である梶一太が、大山倍達に伴われて大阪の料亭で柳川次郎と会うというシーンが登場する。

そこで描かれる柳川は、200人の子分を引き連れる超大物ヤクザでありながら、梶一太の前で一心不乱にケン玉に興じる子どもらしさを持ち合わせた人物である。そして柔和な表情のなかに虎の目を持った男とされる。

〈「殺しの柳川」組長・柳川次郎の眼光にまさしく暗闇に蹲る猛虎のそれを見たと一太は思ったがまた反面どこかガキ大将のままオトナになったような無邪気さも同居していた　あながちケン玉のせいのみでなく……〉

そんな述懐まで主人公にさせている。梶原・真樹の兄弟は柳川との交際を広言してはばからなかったわけだが、いくら柳川がすでに堅気になっていたとはいえ、暴力団排除の流れが徹底している今なら考えられない。

柳川が大山や梶原兄弟と関わったのは、なにも著名人との付き合いを好んだわけではない。「柳川会長は他人からものを頼まれると断れない性分やったんです」とは、私が取材した柳川の元側近らが口を揃えて語るところである。

「大木vs.アントニオ猪木」の仕掛け人

「頼まれると断れない性分」は、プロレスの興行でも現れている。柳川は1974年に韓国政府の招きで45年ぶりに祖国・韓国を訪れた。その訪問から大阪に戻った直後のことだという。

「韓国でプロレスをやってくれないか」

柳川から電話がかかってきたと振り返るのは、新日本プロレスの「闘う営業部長」といわれた新間寿だ。

「韓国から帰ってきた柳川会長から連絡があったので大阪の事務所を訪ねると、いきなりそう言われましたね。聞けば、大統領から国軍将兵の慰問のためにやってほしいと依頼を受けたそうです。『そういうことなら、猪木と大木金太郎の対決ということでどうですか』と提案すると、柳川会長はすぐに『おい、大木に連絡を取れ』と言い出してね」

朴正熙は無類のプロレス好きとして知られる。大統領在任中、プロレス中継が途中で打ち切られると、自らテレビ局にクレームの電話をかけたという逸話が残るほどだ。力道山の弟子だった大木金太郎こと金一が、63年の力道山死後に日本から韓国に帰国すると庇護し、大韓プロレス協会の設立を支援した。

大木は青瓦台（大統領官邸）にフリーパスで入ることができるほど朴正熙に可愛がられていた。大木の弟子だった李王杓によれば、朴正熙から「何か願いはないか」と聞かれ、「故郷の島に電気を通してほしい」と答えたところ、すぐに実現してくれたという。

柳川は柳川で、同じ朝鮮半島出身だった力道山とは親しく、力道山率いる日本プロレスの興行を柳川組傘下の柳川芸能社がたびたび行った。力道山が赤坂で不慮の死を遂げると、その弟子にあたるアントニオ猪木や金一らの面倒を見ていた。

たちどころに話がまとまり韓国興行は実現の運びとなった。

〈押し寄せる人、人、人…。長蛇の列が続く。警官、係員が汗ダクの整理。試合開始前に満員札止めとなった。館内は押すな、押すなの大混雑。見渡す限りの人の波…。観衆八千人、超満員。人いきれとテレビ・ライトの熱気が一緒となり、異常なふん囲気を漂わす館内が一瞬静まりかえったのは、日韓両国の国歌演奏の時だ。さあー、決戦のゴングだ〉（『プロレス』75年5月号）

75年3月27日に、ソウル南山の麓にある奨忠体育館で行われた猪木対大木戦の様子である。釜山から始まった猪木ら新日本プロレスの興行は、大邱、大田、光州の各都市をまわりソウルへと続いた。

「いやー、どの会場も満員なんてもんじゃなかった。入りきれない客が外で幾重にも会場を取り囲んどった。『金一vs.猪木因縁の韓日対決』言うて韓国のテレビ局が煽るもんやから、視聴率は90％を上回ったくらい」

そう振り返るのは、柳川に同行した元側近である。この時の韓国での興行の熱狂ぶりを語ってくれた。

「釜山で初めてリングに上がる直前に柳川会長にリング上の作法を説明してあげたんです。まず、リングの真ん中に立って、それから四方に順番に頭を下げて、と。そしたら、どこの会場でも観客は『ヤクザの親分が足

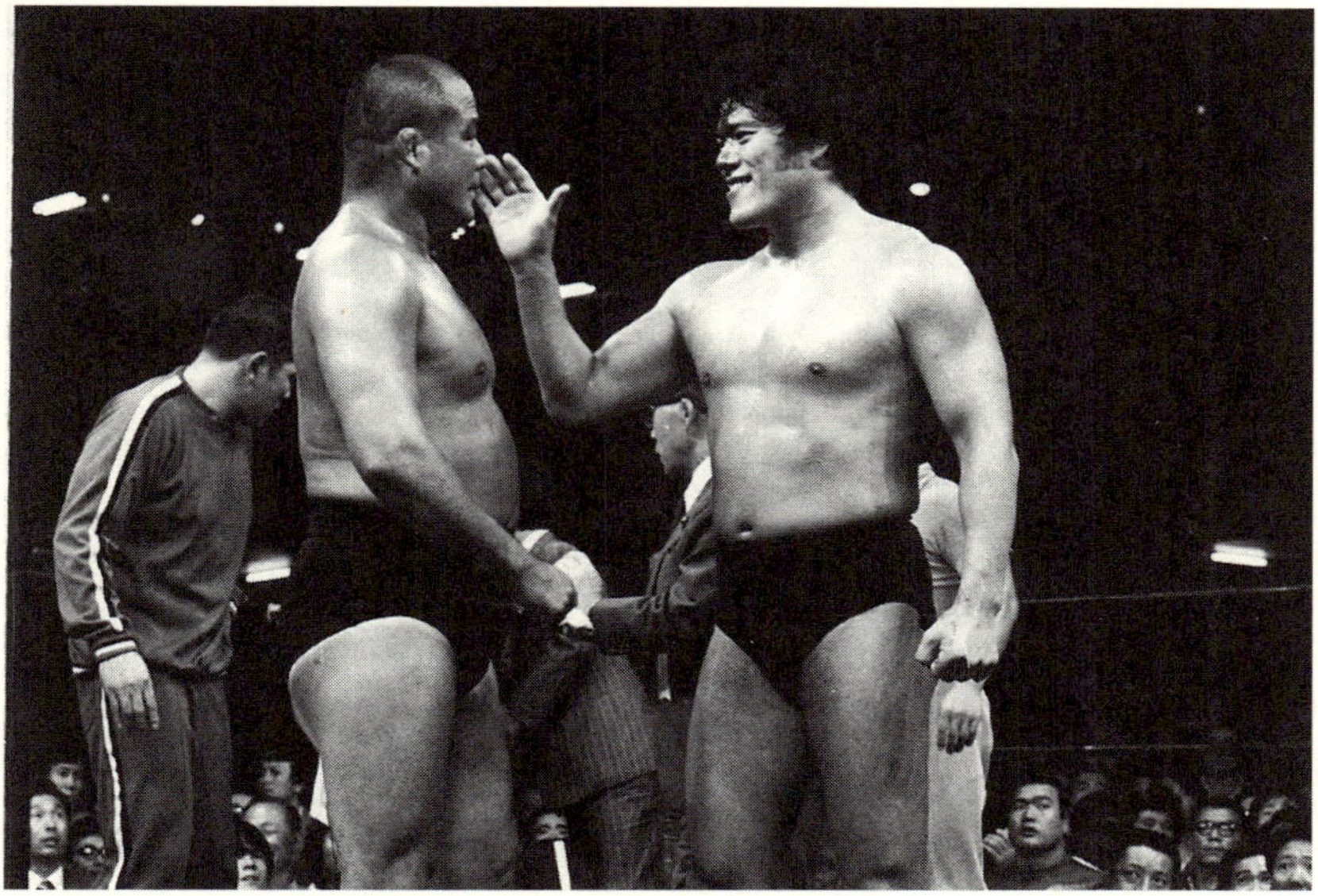
◉猪木と大木金太郎の試合は日本でもドル箱カードとなった

を洗って祖国に恩返しをしにきた』言うて、えらい盛り上がりましたわ」

ソウルでの一戦では、金一が猪木に得意技の頭突きをしかけるたびに、8000人の観客から「キム・イル」「キム・イル」の大合唱が湧き起こった。猪木は大苦戦するが、両者が四の字固めをかけ合ったままリング上を二転三転するうちに、場外に転落しリングアウトの引き分けとなった。

猪木は「韓国で大木さんを痛めつけたら生きて帰れなかったかもしれないね」と興行前に心配していたというが、引き分けとなり、リング中央で抱き合う2人に拍手は鳴り止まなかった。

大盛況のうちに幕を閉じたこの興行の後で、柳川は猪木や金一とともに青瓦台に招かれた。大統領の朴正熙や首相の金鍾泌から直接ねぎらいの言葉をかけられている。新聞が金一から聞いた話では、一行が大統領の執務室を訪ねた際、最後に人払いをして柳川だけを残した。そして、ハグをして感謝の気持ちを伝えたという。

日韓を代表する2人のレスラーの直接対決は、国民を熱狂させ、軍事政権に募る不満への格好のガス抜きとなったはずだ。青瓦台が柳川に興行を依頼した狙いはそこにあったのだろう。

柳川は興行の収益金を国防費として寄付した。また、内務部長官の朴璟遠とも面会し、農村振興のためのセマウル運動に使ってほしいとテレビ100台などを寄贈した。

小林旭が柳川からもらった腕時計

スポーツ界における柳川の人脈はまだまだある。ボクシングでは国際ボクシング連盟（ＩＢＦ）の初代アジア・コミッショナーに就任し、韓国プロ野球やテコンドーの世界でも貢献が大きい。

さらに、芸能の世界とも柳川は深く関わっている。

先ほどの梶原一騎原作の漫画『男の星座』には、双子歌手のこまどり姉妹のスポンサーが柳川次郎であったと描かれており、姉妹のうち姉の栄子は、『アサヒ芸能』２０１５年4月2日号のインタビューで、「あの時代の興行はそういう方々が仕切っていましたから、私たちも2年くらい柳川さんのお世話になっていました」と認めている。

柳川次郎の後を継いで柳川組の二代目となった谷川康太郎の息子からは、演歌界を代表する大物歌手がまだ若かった頃、最大のスポンサーとなって生活の面倒を見ていたのが、柳川や谷川だったと聞かされたこともある。だが、この歌手の事務所に確認を求めたところ、「そんな事実はない」と否定された。

そしてもうひとり。柳川と関わりが深かったのが、俳優の小林旭だ。ご存知のとおり、『仁義なき戦い』など多くの任侠映画に出演しているが、75年には柳川組をモデルにした『日本暴力列島　京阪神殺しの軍団』で主人公を演じた。当時のことを小林旭は、11年に雑誌のインタビューでこう語っている（『ＳＰＡ！』11年12月6日号）。

〈俺が柳川次郎役をやったわけだから。これはやっぱり毎日のように一緒に大阪なりの柳川さんが行ってらした、いわゆるキーセンクラブだとか一緒に行って、話を聞いてずいぶん勉強したよ。（中略）それで最終的には柳川さんが『これはめてろよ』って時計くれたりなんかして〉

小林旭は2008年に後藤組の後藤忠政組長（当時）のゴルフコンペに参加したことが発覚して、日本プロゴルフ協会の名誉会員を辞任した経緯がある。このインタビューでは、「一緒にゴルフやって何がいけなかったの？　誰が迷惑したの？　ただゴルフしただけだよ」と力説し、ヤクザとの交際を云々することに反論してみせていた。

それだけに、小林なら柳川次郎とのかつての付き合いについて話を聞かせてもらえるものと思い、私は小林の事務所に書面で取材を申し入れたが、応じてはもらえなかった。

この数年間でこれまで以上にヤクザとの交際について社会の目が厳しくなっているということだろうか。

（本文中敬称略）

◉昭和の芸能界を生きた「マイトガイ」小林旭

▼世界戦12連勝「名チャンプ」の転落

山口組幹部とともに逮捕「元世界王者」渡辺二郎 リングでの〝不完全燃焼〟

島田紳助の「芸能界引退」のきっかけとなった暴力団幹部との親密交際メール。その「仲介人」とされたのが、プロボクシングの元世界王者・渡辺二郎だった。ボクシング史に名を残すはずだった名チャンプは、どこで道を踏み外したのか。

文＝織田淳太郎
ノンフィクションライター

大相撲には〝砂かぶり〟と呼ばれる溜席《たまりせき》が、土俵下に設けられている。その特等席を優先的に当てがわれるのが、日本相撲協会公認のタニマチ「維持員」団体。東京のそれは「大相撲溜会」、大阪は「東西会」、福岡は「福岡溜会」と呼ばれる。

2019年3月、東西会が興行する大阪場所。その溜席に茶色の陣羽織をまとった1人の男が座っているのを一般観戦者の多くが目撃し、相撲協会に「苦情」が寄せられたという。

プロボクシングの元世界スーパーフライ級王者・渡辺二郎――。後記するように、引退後に反社会的勢力との密な関係が明らかになり、実刑まで食らった昭和の名チャンプである。

大相撲界ではかつて、暴力団が胴元を務める野球賭博に力士が関与していることが発覚。その捜査過程で力士の八百長の実態までが浮き彫りにされた。

この一連の角界スキャンダルによって、相撲協会は10年の夏に「暴力団等排除宣言」を発表。先の維持員団体用の維持員チケットの裏にも、禁止事項として以下の文面が記されている。

〈暴力団員、その他反社会的勢力団体、構成員又はその関係者の利用〉

その維持員団体用の溜席に、なぜ反社会的勢力に属する元世界王者がいたのか。暴力団と大相撲の関係は、今もなお水面下で維持されているのか。

いずれにしても、この報を知ったとき、私の脳裏に蘇ったのが、30年以上も前に味わった、ある戦慄の記憶だった。

人気タレントのスキャンダル潰し

1987年春のある日。当時、男性週刊誌の記者だった私は、取材のため関西の地を訪れていた。取材に同行したのは、ある写真週刊誌を主戦場とする関西在住のカメラマンA氏。取材のすべてを終えたとき、そのA氏が私に言った。

「キミ、ボクシング好きやったな? 明日、渡辺二郎に会うけど、一緒にきいへんか?」

剣の達人を思わせる右構え（サウスポー）の絶妙な間合い。それによって「打たせずに打つ」クレバーなテクニックを駆使してきた渡辺。リングを離れて1年が過ぎていたとはいえ、完璧なファイトで防衛を重ねてきたその元世界チャンプに、私はなおも心酔していた。

会えるその理由もロクに聞かず、

「ぜひ、会わせてください」

喜々としてそう答えていた。

翌日、私はA氏との待ち合わせに指定された大阪市内のレストランに赴いた。そこで、関西の人気タレントが私たちを待っていた。仮に「K氏」とする。

なぜ、K氏がいたのか。事の始まりは、カメラマンのA氏がK氏の女性スキャンダルを暴いたことにあったという。恐妻家でもあったK氏は、写真週刊誌へ掲載をしないよう懇願した。しかし、それが聞き入れられないと知るや、親交のあった渡辺に相談。いや、「なんとか助けてほしい」と泣きついた。

つまり、この日、私が渡辺と会う機会を得たのも、当の渡辺が「話があるので、会いたい」と、K氏を通じてA氏に連絡してきたからである。

それでもなお、私はノーテンキだった。憧れの名王者と対面できることで、心は浮足立ち、その登場をいまかいまかと待ちわびていた。

しかし、渡辺がレストランのドアを開け、私たちのほうに足早に向かってくるその姿を目にしたとき、私のときめきは一瞬にして消えた。かわりに押し寄せてきたのが、おどろおどろしさを伴った胸のざわめきだった。

ブレザー姿に真っ黒なサングラス。両顎が怒りをかみ殺したようにきつく締められている。口元にも険悪な色が滲み出ていた。

「はじめまして」

私は立ち上がって軽く頭を下げた。

そこにいきなり渡辺の右の平手が飛んできた。私の頭が強く打ち放たれた。一瞬何が起きたのかわからなかった。顔を上げると、再び右の平手が襲いかかってくるのが視界をかすめた。

反射的に上体をのけ反らせた。渡辺の右が空を切り（というよりテーブルを挟んでいたため届かなかったのだろう）、その勢いで私の右隣に座るカメラマンA氏の髪の毛をわし掴みにした。

A氏の顔面がテーブルに激しく叩きつけられた。

「二郎ちゃん、やめてぇな！」

K氏が泣き出しそうな声で止めに入った。

「お願いや！　二郎ちゃん」

A氏の顔面を何度かテーブルに叩きつけたのち、渡辺がその手を止めた。一息ついたあと、椅子に腰かけ、ゆっくりとサングラスを外した。

「Kさんの記事、どないするつもりや？」

地の底からわき出るようなドスの効いた声。写真週刊誌の記者だと思い込んだのだろう。鋭い眼光が私を射るように見据えていた。

それから私たちが何を話したのか、まったく記憶にない。一連の騒動を目撃したはずのレストランのほかの客の様子も、まるで目に入らなかった。

覚えているのは、終始漂い続けた渡辺の威圧感。そして、その翌日、再び渡辺と会ったときの、前日とは打って変わった物腰の柔らかい姿だけである。

世界戦12連勝

渡辺二郎がいかに完璧なボクサーだったか。そのルーツともいえる要因は、追手門学院大学時代に打ち込んだ日本拳法にある。

大学在学中に4段を取得し、その後5段に昇格。ウエイト制のないその日本拳法で、小柄な渡辺は世界の上位まで上り詰めた。ボクシングのリングで見せた「打たせずに打つ」絶妙な間合いの取り方は、この日本拳法時代に培われたものである。

1979年3月、24歳で大阪帝拳ジムからプロデビュー。し勝利（3回KO）。以後、7連続KOを含む連勝街道をひた走り、デビューからわずか2年後の81年4月、敵地・韓国に乗り込んでスーパーフライ級（当時はジュニア・バンタム級）の世界タイトルに挑戦。これは、初黒星となる僅差の判定負けに終わったものの、その

1年後にWBA世界スーパーフライ級タイトルの奪取に成功し、関西初の世界王者になった。

以後、渡辺は世界戦12連勝を記録。WBCとの統一戦に勝利した試合も防衛戦として見なすと（84年7月に行われたこの一戦は、結局WBAが認可せず、渡辺のタイトルを剥奪。これを機に渡辺はWBCのタイトルホルダーとなった）、4年間で11度の防衛を果たすことになる。

フライ級で2度の世界王座に就いた小熊正二氏（現・小熊ジム会長）は82年11月、王座返り咲きを狙って渡辺のスーパーフライ級タイトルに挑み（渡辺は2度目の防衛戦）、流血による棄権敗退に終わった。

彼は、当時の渡辺の強さをこう振り返っている。

「俺も渡辺と同じサウスポー。顔面へ左を見舞うことで渡辺に右ガードを上げさせ、がら空きになったレバーに得意の左を打ち込むという戦法をとったんだ。もちろん、渡辺をKOするつもりだったし、その自信はあったよ。ところが、渡辺はこの戦法をいち早く見抜き、こちらのペースに乗ってこない。打ち合いに臨めば倒す自信もあったけど、常に俺のボディ狙いを警戒し、間合いを取り続けるんだ。つくづくクレバーで冷静なボクサーだと思ったよ。

態度？　俺を先輩として立ててくれたのか、リングマナーもよかったし、好青年という印象しかないね。2ラウンドにバッティングで割れたおれの額を狙って、さらに流血させるという戦法もあったろうに、そういうこともしなかった。正々堂々と闘うチャンピオンだったよ」

当時『ボクシング・マガジン』誌の編集長を務めていた山本茂氏（現・ノンフィクション作家）は、渡辺のボクサーとしての凄み、ハートの強さをもっとも感じたのは、85年12月、敵地・韓国に乗り込んだ防衛戦だという。

「日本人ボクサーの世界戦は、円の力もあってその多くが日本で行われてきた。それに慣れ切っていたせいか、日本人ボクサーは海外に行くと、プレッシャーに押し潰されて、ボロボロに負けるケースがほとんどだったんです。しかも、敵地の試合では、自国ボクサーを勝たせるための奸計も珍しくない。渡辺も同じ目に

◉ 1983年の世界戦でタイトルを防衛した渡辺二郎。この時期がボクサーとしての絶頂期だった

遭いました。

氷点下を下回る厳寒にもかかわらず、用意されたホテルの一室には暖房もない。おまけに試合前夜には渡辺の真上の部屋でドンチャン騒ぎが始まり、それが朝まで続いた。結局、渡辺はほとんど寝ることができませんでしたが、それで闘志に火がついてしまったんです。『見ててください。やりますから』。渡辺は我々報道陣にそう言い残してリングに立ちました」

客席の大ブーイングを浴びた、この敵地での防衛戦。渡辺は韓国人挑戦者を完膚なきまで叩きのめすと（5回KO）、世界戦12連勝と日本人世界王者初となる敵地での防衛に成功した。

数百万円の高級腕時計

渡辺がメキシコのヒルベルト・ローマンに敗れ、スーパーフライ級の世界タイトルから陥落したのは、それから3カ月後。1986年3月のことである。

この時点で、日本に世界王者が1人もいなくなった。具志堅用高や輪島功一といった人気ボクサーの引退後、ただ1人ボクシング人気を支えてきたといっていいほど圧巻の強さを見せつけた浪速のチャンプ。ボクシング人気の再燃は92年の辰吉丈一郎や鬼塚勝也の登場まで待たなければならず、そういう意味で渡辺が残した功績は大きい。

しかし、常に紙一重にある栄光と転落とのギャップ。渡辺の黒い交際疑惑が浮上し、数々の事件が表沙汰になるまで、それほど時間はかからなかった。

前出の山本氏は言う。

「王座陥落後、渡辺にインタビューしました。彼は『再起して、タイトルを取り戻す』と言ってましたが、少し気になったのが何百万円もするという自分の高級腕時計を私に見せて、こう言ったことです。『これ、後援者にいただいたものです』。ほかにも何百万円だかの高級腕時計を贈られたと言ってましたが、一般ファンの誰が何百万円もの贈り物なんかできるのか。このとき『ああ、渡辺も黒い組織と関係しているんだな』と直感しました」

その直感は最後の試合から9年後の95年8月、恐喝事件としてまず表面化する。

渡辺が役員を務める輸入販売会社の経営を任されていたバングラディシュ人が、知事に無届けで出資法違反に当たる高利の融資を大阪市内の会社社長にした。その返済が滞ったことで渡辺が出向き、会社社長とその紹介者を「残りの金をお前が支払え！」「お前のようなやつは死ね！」などと恐喝したうえ、平手打ちや火のついたタバコを顔に押し付ける暴行に及んだのである（渡辺は全面否認）。これが、彼の最初の逮捕歴だった。

その4年後の99年、渡辺は知人でもあった元暴力団組長の息子の「ある人物の護身用に」との依頼を受け、暴力団関係者から拳銃2丁と実弾を入手した。そのうちの1丁が覚せい剤密輸グループによる計画的な射殺事件に使用されたことで、銃刀法違反の容疑で再び逮捕。渡辺は懲役4年3カ月の実刑判決を受け、滋賀刑務所に服役する。

この事件を機に離婚した渡辺は、出所後、『週刊新潮』（2006年1月5・12日号）誌上で〈僕の性格の甘さが、ああいう事件に繋がったんです〉そう反省の弁を述べると、こう続けている。

〈元々、僕はプライドの高い人間ですから、人から軽く見られたくない。特にボクシングをやっている人間からは、〃二郎のようになりたい〃と引退後も言ってもらえる生活を望んでいた。それで不動産や金融、投資の仕事に携わった〉

だが、その「性格の甘さ」がまたもや、世間を騒がせる。

2007年6月、今度は暴力団関係者を使って不動産会社経営者を恐喝したとして、タレントの羽賀研二や山口組系暴力団幹部らとともに三たび逮捕された。発端は羽賀が自分の借金と株式投資に関する債務など計4億円を埋める目的で、同会社経営者に「元本保証」を約束し、医療関連会社の未公開株を3億7000万で購入させたことにある。

しかし、この医療関連会社が倒産。元本の返却を求めた経営者に対して、羽賀が1000万円の支払いでそれを帳消しにするよう渡辺に依頼したのが、この恐喝事件に発展したといわれている。

さらに11年8月、人気タレントだった島田紳助氏が、「知人」を介して暴力団幹部と親密なメールのやり取りをしていたのが発覚。島田氏の所属事務所はこの「知人」を暴力団関係者と明かし、島田氏もこれを機に芸能界を引退したが、その「知人」こそ渡辺二郎その人だった。

JBC（日本ボクシングコミッション）関係者が言う。

「JBCは07年の事件を機に、渡辺に対して『WBA、WBC世界チャンピオンの資格を国内において排除する』と告示しました。事実上の永久追放処分を下したのです。その記録こそ保管していますが、日本人歴代世界王者を公表する際は渡辺の名前を除外し、後楽園ホールに飾られる日本人歴代世界王者のチャンピオンプレートからも渡辺のそれだけを外しました。

JBCの安河内剛事務局長は、こうした渡辺の一連の事件を受けて、プロボクシングからの暴力団の徹底排除を掲げています。ただ、関係者の多くが『暴力団を排除して、誰が大量にチケットを買ってくれるのか』などと、冷ややかな反応を見せていました。水面下で暴力団関係者が関わるジムは今もあるし、プロボクシング自体がある意味、暴力団とは切っても切れない縁で結ばれてきたのですから」

暴力団とは不可分な業界

たしかに、日本のボクシングがその黎明期から暴力団との関係を密にしていたことは、紛れもない史実である。

たとえば、愚連隊の首領で、昭和初期に「不良の神様」と恐れられていた益戸克己は、1928年に現在の台東区に「日東拳闘倶楽部」（現・日東ボクシングジム）を設立。愚連隊たちに合法的な精力改善の場を与えた。

また、「御大」と畏怖された北海道のドン・小高龍湖（会津家小高一家初代）は、34年に北海道アマチュアボクシング連盟を創立。自らその会長職に収まると、同じ頃、札幌に「北海道拳闘倶楽部」も構えた。

◉ 1994 年の薬師寺ｖｓ辰吉は「裏社会も大興奮」の一戦となった

『拳の近代　明治・大正・昭和のボクシング』（現代書館）の著者である社会学者の木本玲一氏は、同書のなかで次のように記している。

〈ボクシング興行では、後の松葉会初代・藤田卯一郎や、後の住吉一家三代目・阿部重作などが戦前から関わっていた。他にも山口組三代目・田岡一雄の兄弟分で酒梅組三代目・松山庄次郎は、関西で活躍したフェザー級のフィリピン人ボクサー、ベビー・ゴステロを支援し、酒梅組傘下の福井組がゴステロの所属するオール・ボクシング・ジムの興行を取り仕切っていた〉

こうした暴力団のボクシングへの関与が、今日までの日本のボクシング史に連綿と受け継がれてきた。「3億4000万円興行」として話題となった辰吉丈一郎と薬師寺保栄の世界バンタム級タイトルマッチ（94年12月）。日本中を熱狂させたこの好カードのリングサイド席が、山口組関係者で埋め尽くされたのも、その象徴のひとつにすぎない。

もっとも、彼らの存在が「必要悪」という側面を持つことも否定できないだろう。

大戦直前の41年5月、両国国技館で行われたピストン堀口vs.笹崎僙《たけし》。「世紀の一戦」と謳われたこのカードは、チケット発売後30分ですべて売り切れるという空前の人気を博したが、前出の山本茂氏によると、暴力団組織の暗躍なしにこの一大興行の成立は不可能だったという。

「この決戦は堀口が所属する不二拳闘クラブの岡本不二会長と笹崎が所属する日本拳闘倶楽部の渡辺勇次郎会長との共同開催で行われました。ところが、国技館での開催を発表したはいいが、当時の国技館の使用については、神戸の大親分と恐れられていた嘉納健治（柔道の創始者・嘉納治五郎の甥。のちに「大日拳」というジムを設立）が、なぜか実権を握っていました。しかも、嘉納は不二拳の後ろ盾になっていた新興ヤクザの山口組と敵対関係にあったし、日倶の渡辺会長ともソリが合わない。案の定、嘉納は『国技館の使用はまかりならん』と、圧力をかけてきたのです。

そこで、困り果てた岡本会長が、山口組の二代目組長の山口登に相談した。山口組長は身ひとつで嘉納の邸宅に向かうと、玄関先にあったガラス製の金魚鉢から金魚をつかみ出し、それを床に叩きつけた。ようするに、死ぬ気でやってきたことを態度で見せたわけです。

嘉納はその度胸を買って山口と面会しましたが、このとき山口はこう頭を下げたそうです。『お金のためではない。全国のボクシングファンのために国技館でやらせてください』。こうして、堀口と笹崎の世紀の一戦が実現したのです」

前出の小熊氏。49戦のボクシングキャリアにおいて、彼が8度の世界挑戦を含む13度もの世界戦を経験できたのも、所属先の新日本木村ボクシングジムが住吉会それ自体の後援を受けていたからだという。

「そりゃ、彼らの援助がなければ、あんなに世界戦はできなかったし、2回もチャンピオンになれなかった。何せ世界戦のときは、何千万円単位でチケットを買ってくれていたからね。それも割引なく、正規の金額で。だからテレビの放映権料を当てにしなくても、うちの木村（七郎）会長は世界戦を組もうと思えば組めたんだ。

俺もロレックスやら宝石やらもらったことがあるよ。ほかのジムでは1000万円ぐらいの高級車をもらった元世界チャンピオンがいたけど、彼らは恩を売るためにくれるんじゃない。試合で感動させてもらったお礼としてくれるんだ。相撲の〝ごっつぁん〟と同じで、くれるというものを断る理由もなかったね。

ただ、それをきっかけに、深い付き合いをしてしまうと、もうそっちの世界に染まってしまう。それが悪いわけではないけど、俺が知っている元ボクサーにもそうやって組の構成員になった者が何人かいたよ。

だから、俺はその世界の人に『何か困ったことがあったら来いよ』と言われても、絶対に行かなかった。そもそもそういう世界に染まる気はなかったからね」

渡辺はその黒い世界に身を染めた挙げ句、ヒーローから一転、地に落ちた。

引退なき彷徨えるボクサー

「渡辺はどこかで中途半端な想いを引きずっていたのではないか」

前出の山本茂氏は言う。

「伝説の名王者を語るとき、『ペイする』という言葉があります。つまり、自分がリングで勝ち得た栄光と名誉のすべてを最後の試合で払い切る。輪島功一や具志堅、古くはファイティング原田も、最後にはボロ雑巾のように叩きのめされた。そうやってようやく諦めがつき、リングと決別することができたのです。

しかし、渡辺は全キャリア（28戦）のうち敗戦は2回。それも、いずれも僅差の判定負けで、ほとんどダメージを受けたこともない。それが、『再起してタイトルを取り戻す』と宣言しながら、ずるずると歳月ばかりが過ぎていった。引退発表は最後の試合から6年後。それ自体が異様だし、渡辺を想うとき、私の中ではいまだ『引退なき彷徨《さまよ》えるボクサー』というイメージしかないのです。

再起戦に絡んで何かジムと揉めたかもしれない。あるいは事業の展開で忙しかったのかもしれない。その辺はわかりませんが、栄光と名誉のすべてを最後にペ

◉いまなお名ボクサーとしての渡辺を英雄視するファンは多い

イできなかったことが、その後の彼の人生に暗い影を投げかけたような気がします」

この山本氏の洞察を物語るような渡辺のコメントが、『スコラ』の1986年10月9日号に残されている。

〈僕は勝ち負けはどうでもいいんです。（略）僕はもう一度だけ青春を燃やし尽くしたい。（略）血ヘド吐いてもいいから、客が「渡辺、もう立たんでもエエ」というてくれるようなすごい試合をしてから、ボクサーとして終わりたい〉

完全燃焼の場としての最後のリングへの渇望。そして、それがかなえられないことへの葛藤と苛立ち。王座陥落後にインタビューされた同誌には、栄光を極めたがゆえの孤独感も正直に吐露されている。

〈一度味わってしまった優越感は捨てられんもんです。無視されたら淋しいですよ〉

その孤独感、鬱屈した想いが、黒い組織へと走らせてしまったのか。山口組系暴力団の特別相談役――これが、今の渡辺を語るとき、囁かれる肩書である。

その渡辺とほぼ同時期に活躍し、ヘビー級に一大センセーションを巻き起こしたマイク・タイソン。現役時代、レイプ事件で刑務所への収監経験のある彼は、引退後も飲酒運転やコカイン所持・使用、カメラマンへの暴行などによる逮捕歴を積み重ね、かつての名誉と栄光を自ら地に落とした。

86年11月、そのタイソンが獰猛なファイトで世界ヘビー級タイトルを獲得したときだった。試合会場を訪れていた中量級のスーパースター、シュガー・レイ・レナードを取り囲んだ報道陣からこんな質問が飛んだ。

「タイソンを倒せるボクサーがいると思いますか？」

レナードは答えた。

「タイソンを倒すのは、タイソン自身だろう」

いまだ彷徨えるボクサー・渡辺二郎――64歳。彼もまた、自分自身によって倒されてしまったのだろうか。

（本文中一部敬称略）

▼急速に衰弱した「黒いリング」の実相

ギャラ高騰で「黒い影」総合格闘技「PRIDE」完全崩壊の全内幕

かつて、民放テレビ局を巻き込み一大ムーブメントとなった総合格闘技。その頂点ともいえるイベント「PRIDE」は、裏社会との関係を報道され崩壊した。コンプライアンスを重視した業界の今を見ると……。

文＝別冊宝島編集部

日本における総合格闘技の源流は、1980年代に新日本プロレスから分離派生した「UWF」にあるといわれる。

ショービジネスとして大きな市場を形成していたプロレスから、競技志向の選手たちが離脱し、90年代に入るとリアルファイトを標榜する団体が出現した。なかでも1997年、プロレスラーの髙田延彦とヒクソン・グレイシーの対決を売りにスタートした「PRIDE」は、本格的な総合格闘技ブームを呼び込む原動力となった興行イベントとして、ファンの間ではつとに有名である。

だが、このPRIDEは2007年に消滅。その後、同じ関係者らによって「DREAM」「RIZIN」と名称を変えながら大会のフォルムは継承されているが、往年の活況は戻っていない。

なぜ、PRIDEは消滅したのか。直接の原因は、同大会を中継するフジテレビの「撤退」であり、その理由を端的にいえば、PRIDEに根深く入り込んだ裏社会の住人たちの存在に光が当てられたからである。

元組員にプロデュースを依頼した日テレ

今でも、ファンの間で語り草になっているひとつの興行がある。2003年12月31日に開催された「猪木ボンバイエ」（神戸ウイングスタジアム）だ。

格闘技ブームがピークに達したこの年の大晦日、日本テレビ、TBS、フジテレビの民放3局が紅白歌合戦（NHK）の裏で格闘技イベントを中継。前述の「猪木ボンバイエ」を中継したのは格闘技に初参入した日本テレビだったが、その舞台裏ではPRIDE、K－1のリングに上がる有力選手たちの仁義なき「引き抜き合戦」が繰り広げられ、試合前日まで対戦相手が確定しないという異常事態となった。

史上初の大晦日「3局格闘技中継」の結果、K－1（メインカードは曙vsボブ・サップ）を中継したTBSは平均視聴率19・5％を獲得。PRIDEのフジテレビも12・2％と健闘したが、「猪木ボンバイエ」の日本テレビは5・1％と惨敗。ここから日本テレビは長く

◉瞬間最高視聴率で「紅白超え」となったＴＢＳの曙 vs. ボブ・サップ（2003 年）

苦しい「敗戦処理」に追われることになる。

猪木ボンバイエの興行を仕切ったケイ・コンフィデンス社の川又誠矢氏は大会直後に失踪。その後、山口組系暴力団に一時、監禁されていたことが発覚し、業界関係者を震撼させた。その直後から、ＰＲＩＤＥと裏社会の密接な関係を暴く週刊誌報道によって、フジテレビはドル箱のコンテンツであった総合格闘技からの撤退を決めるのである。

放送記者が語る。

「後の訴訟で明らかにされたように、民放の大晦日特番の予算は8億円と巨額です。3局合わせ、1日で20億～30億円の金銭が動いていたことになり、その〝甘い蜜〟が裏社会の人間を吸い寄せた。当時、視聴率獲得を至上命題とするテレビ局の現場には、コンプライアンスを気にかけるようなムードは皆無でした」

大会プロデューサーの川又氏自身、かつて山健組に所属する構成員だった時期があった。川又氏は日本テレビから大会プロデュースを請け負う際、自身の過去について通知したうえで、問題はないかと確認してい

◉大晦日の格闘技中継に初参戦したの日テレ「猪木祭り」は視聴率で惨敗

る。そして日本テレビはOKを出した。当時のテレビ局のコンプライアンス感覚がよくわかるエピソードである。

運営会社社長が謎の自殺

もともと、黎明期の総合格闘技界は裏社会と一心同体の関係にあった。長年、プロレス団体で営業を経験した人物は、格闘技ビジネスの未成熟が、暴力団の介入を許した一因と語る。

「プロレス界のように歴史があり、システム化された興行ビジネスでは、暴力団が介入する余地が少ない。まず売り興行と手打ちの興行の取り分が相場として定着しており、テレビ局からの放映権料も妥当な値段に決められています。また、外国人選手を招聘する際にも、シリーズの目玉となる看板選手は、米国の団体や著名なブッカーが入って、極めて明確な条件で契約が結ばれる。また、力道山亡き後のプロレス界を牽引したジャイアント馬場、アントニオ猪木は〝ヤクザ嫌い〟で共通しており、裏社会に金銭が流れる余地はありませんでした」

ところが、総合格闘技やK－1がビジネスとして急成長すると、ファイトマネーが急激に高騰し、業界は「刺青OKのサウナ」と化していくのである。

「目玉選手が日本人だけならまだいいのですが、ヒクソンやミルコ・クロコップ、エメリヤーエンコ・ヒョードルといった外国人選手が主役になると、そこに代理人が登場し、そのバックにヤクザが控えるという構図ができ上がる。彼らは表舞台に登場することはありませんが、契約金やファイトマネーを吊り上げ、その一部をせしめるという手口で暗躍します。

しかし、出場や契約をめぐって大きなトラブルが起きると、しばしば裏の住人たちが姿を垣間見せることがある。それが例の猪木ボンバイエ事件でした」(同前)

PRIDEというイベントはもともと、プロレス界最強といわれた髙田延彦と、〝400戦無敗〟の伝説を引っさげ、幻想に包まれたグレイシー柔術の使い手であるヒクソン・グレイシーの一戦を実現するための大会だった。

東海テレビ事業（東海テレビの子会社）出身の榊原信行氏が中心となり、実現したと説明されてはいるものの、このイベントには当初から「黒い影」が見え隠れしていた。格闘技ライターが語る。

「スタートから2年間ほど、PRIDEはKRS（格闘レボリューション・スピリッツ）という名の実行委員会が主催していましたが、ここには多数の芸能事務所関係者が関与しており、特に〝会長〟と呼ばれていた在日韓国人のI氏は、企業舎弟として知られた人物で、実質的なPRIDEのオーナーと目されていた。そしてこのI氏の背後にいたのが当時の山口組系山健組傘下の太田興業です」

高田はヒクソンに2連敗するが、時代の追い風を受けたリアルファイトの熱狂はプロレスファンを取り込む形で増幅、また桜庭和志や藤田和之といったニューヒーローの誕生によって、PRIDEは世界最高峰の格闘技イベントとして認知されるようになる。

1999年、PRIDEの主催はKRSからDSE（ドリームステージエンターテインメント）に変更され、フジテレビの中継が始まる。だが、ここでPRIDEの歴史に暗い影を落とす事件が発生する。それが「森下社長怪死事件」である。

2003年1月、当時のDSE社長だった森下直人氏が投宿中のホテルで首を吊り自殺。既婚者である森下氏は、当時交際していた女性との別れ話がこじれ、突発的に自殺したと説明された。

しかし、愛知県の家電量販店エイデン出身の森下氏は、自殺したとされる当日、ホテルで開かれていた記者会見で「PRIDEの展望」について雄弁に語っていた。その死には今も多くの謎が残されたままである。

森下社長の後任には、立ち上げから関わってきた榊原氏が社長に就任したが、この時期からライバルのK－1との間で有力外国人選手の引き抜き合戦が多発し、ファイトマネーが高騰するようになった。

「もともと榊原氏はK－1の石井和義館長（当時）と親交があり、K－1の格闘技ビジネスを学び参考にしてPRIDEを大きくしてきた。榊原氏は石井館長に

◉不可解な「自殺」を遂げたＤＳＥの森下直人社長（2003 年）

対する敬意表明を怠らなかったため、両者の関係は悪くなかったのですが、2003年2月に石井館長が脱税に関する証拠隠滅教唆容疑で逮捕されてから状況が変わった。その後ミルコ・クロコップがPRIDEに移籍したことで信頼関係は崩れ、全面戦争状態に陥ってしまうのです。後に、週刊誌にPRIDEとフジテレビの黒い疑惑が多数報じられたのも、多くの情報源はK－1サイドだったと信じられています」（前出の格闘技ライター）

前述した03年大晦日の「猪木ボンバイエ」で、直接のダメージを受けたのは日本テレビだった。しかし、大会のひどさに腹を立てた日テレが、プロデューサーの川又氏に2億円の支払い減額を通知したことから訴訟に発展。その余波が「PRIDE」とフジテレビにも押し寄せることになる。

熱狂できない「クリーンなリング」

「猪木ボンバイエ」から約2年が経過した2006年2月、一部全国紙によってPRIDEの闇を裏付ける記事が報じられた。

山口組後藤組系良知組（当時）の幹部ら3人が、大会直後に失踪していた川又氏を静岡県内の飲食店に呼び出し、「誰のおかげでヒョードルが出場できたと思っているんだ」などと恐喝、2億円を要求したというものである。

その後、川又氏は『週刊現代』誌上で恐喝事件の顛末や、榊原社長から受けた生々しい「圧力」を証言。榊原氏は証言を全面的に否定したが、PRIDEと黒い勢力の密接な関係が次々と報じられるにつけ、スポンサー離れを嫌ったフジテレビは「PRIDE切り」を決断。大会運営の重要な回路を失ったPRIDEは翌年に崩壊した。

「当初、DSEはフジテレビが離れても、コアなファンに支えられた興行収入で大会を運営できると目論んでいました。しかし、ファイトマネーの大幅な減額によって人気の外国人選手が流出し、米国のUFCなど他国にマーケットそのものを取って奪われてしまい、

◉「猪木祭り」大会後、暴力団員に追われた川又誠矢プロデューサー（左）

スポンサーも離れたために継続を断念した。その後、PRIDEとほぼ同じスタッフがコンプライアンス重視を厳重に宣言しDREAMというイベントをスタートさせましたが、かつてのように客を呼べるヘビー級選手が不在で、盛り上がりは限定的でした」（前出の格闘技ライター）

コンプライアンスを順守した結果、大会の魅力が薄れ、暴力団に見向きもされなくなったとすれば皮肉な話である。

このPRIDE崩壊劇は、日本の格闘技バブルを完全に弾けさせた。

K－1を主催していたFEGも、脱税事件で逮捕された石井館長の実刑確定とともに退潮。人気選手の高齢化と離脱により経営難に陥り、最後は多額の未払い金を抱えたまま破産した。

現在、日本国内では榊原氏がプロデュースする「RIZIN」および、新しい資本による「K－1」が運営されているが、いずれも市場規模はかつてと比べようもないほど小さい。RIZINは2018年12月31

日、伝説のボクシング元世界王者、メイウェザーを招聘し、若手キックボクサーの那須川天心と対戦させ話題を集めたが、それでもテレビ視聴率は6％台にとどまった。

民放ディレクターが語る。

「2000年代前半はネットの動画配信がなかった時代で、地上波の格闘技ライブの価値はかなり高かった。しかし今は、後からいくらでも動画をネットで視聴することができるため、視聴率がそれほど上がらない。すると局も大きな予算を取れないため、仕掛けにも自ずと限界が出る。メイウェザーには10億円以上のファイトマネーが支払われたと報じられましたが、それは全世界のPPVからの収益から回されるもので、局の予算は全盛期の半分です。いずれにせよ、良いか悪いかは別として、現状の格闘技マーケットがまったく旨みのない、暴力団を排除する必要のないクリーンな世界になったことは確かです」

〝水清ければ魚棲まず〟との言葉もあるが、興奮できる熱いリングを見たい格闘技ファンにとって、コンプライアンスという名の新ルールは、鬼門であるのかもしれない。相撲、プロレス、ボクシングなど、裏社会と親密な関係を保ちながら発展してきた日本の格闘技界の歴史の「ターニングポイント」を如実に印象付けたＰＲＩＤＥ崩壊劇の功と罪の検証は、いまなお未完である。

◉話題性、市場性ともに全盛期に遠く及ばない格闘技界の現状

▼〝ごっつぁん体質〟という病

「野球賭博」騒動から9年——「暴力団等排除宣言」で相撲協会は変わったか？

2010年に発覚した「野球賭博」騒動。
現役力士が関与していたこの事件をきっかけに、
相撲協会は「暴力団排除宣言」を打ち出した。
しかし、力士や親方たちの「脇の甘さ」と
「反社との関係」は今もまったく変わっていない。

文＝鵜飼克郎
ジャーナリスト

暴力団と日本相撲協会——。

若手親方のひとりは「切っても切れない関係」と言い切る。そして、「角界から暴力団関係者を完全に排除することなど不可能だと思います。いただけるものは何でもいただく。この〝ごっつぁん体質〟が染みついた世界だからね」と続けた。

2010年8月、日本相撲協会は「暴力団等排除宣言」を行った。暴力団員の観戦や後援会への入会を禁じるほか、力士や親方、行司ら全協会員に対して反社会的勢力との交際を禁止し、違反した際には解雇も含む措置を取るなど罰則も盛り込んだ。

発端は10年5月、夏場所開催中に大関・琴光喜が野球賭博に関与していたと週刊誌で報じられたことだった。暴力団の資金源になっていることが問題になったが、当初は本人も相撲協会も全否定した。

だが、その直後に前年（09年）の名古屋場所で維持員席で暴力団幹部が観戦していたことが発覚する。そのチケット入手に木瀬親方（元前頭・肥後ノ海）と清見潟親方（当時＝元前頭・大竜川）が関与していたことがわかり、相撲協会と暴力団との関係が表面化した。

6月には、終わったばかりの夏場所でも元呼び出しが持ち主の維持員席で暴力団幹部が観戦していたことが発覚。さらに7月に入ると松ヶ根親方（当時＝現二所ノ関親方　元大関・若嶋津）が春場所の宿舎を、境川親方（元小結・両国）が名古屋場所の宿舎を暴力団が役員を務める会社から提供を受けていたことが問題になるなど、暴力団と相撲協会との関係が次々と明らかになっていった。

すると、それまで野球賭博への関与を否定し続けていた相撲協会が、一転して複数の現役力士が野球賭博に関与していたことを公表。その後の調査で過去5年間に65人が関わったことを明らかにしたうえで、大関・琴光喜と大嶽親方（当時＝元関脇・貴闘力）を解雇処分とした。ほかの力士たちは実名を公表し、相撲協会が謝罪会見を行った。

「暴力団との関係根絶をアピールし、組織改革を進めるために外部有識者らによる委員会を発足させた。関係者約1000人を集めた暴力団排除に伴う講習会を

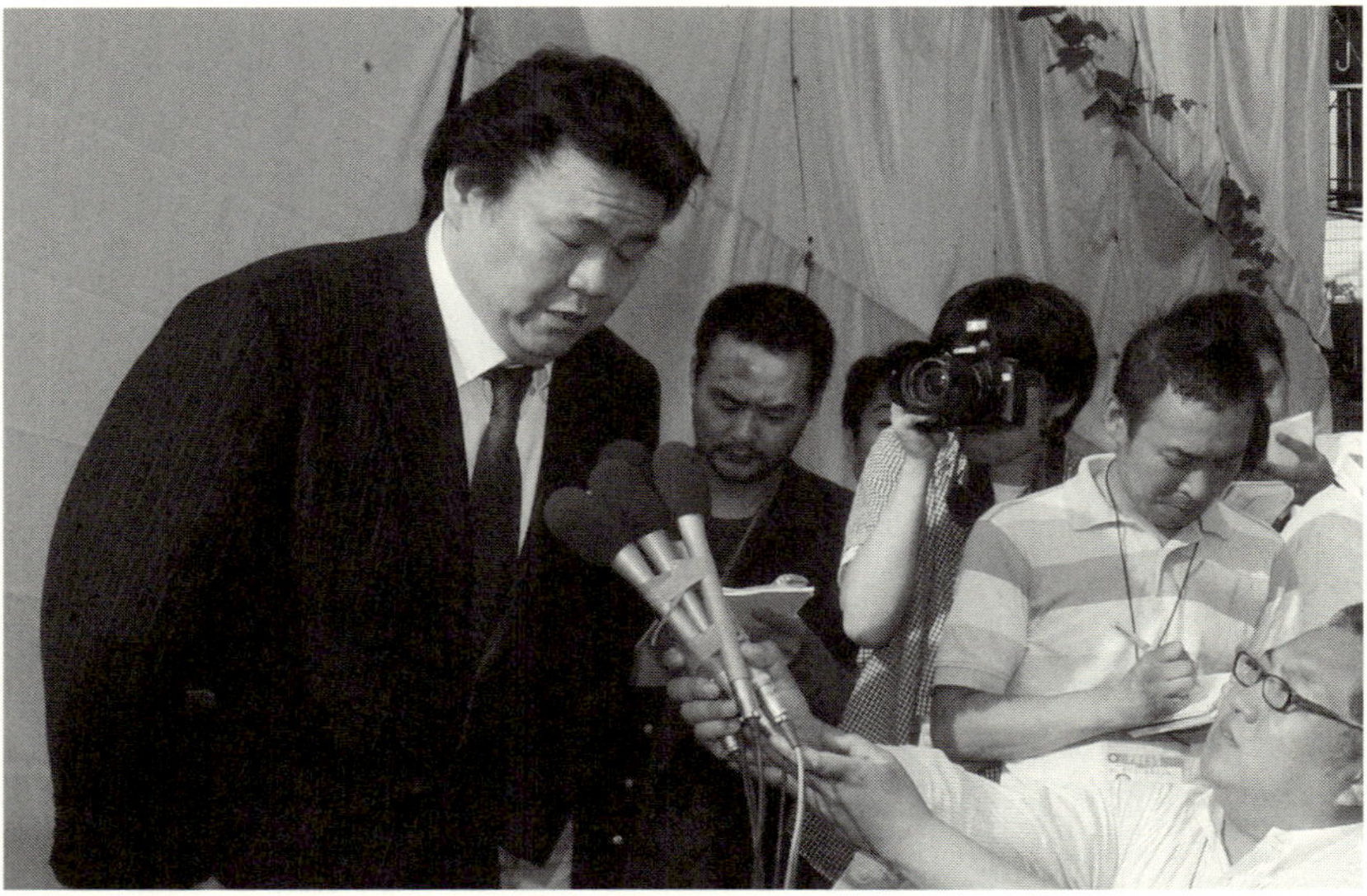

◉野球賭博問題が発覚し謝罪する大嶽親方（当時＝元関脇・貴闘力）。引退後、自身がギャンブル依存症であると告白。負けた総額は５億円とも

開催して宴席に誘われたときの断り方などを指導する一方で、委員会から示された『暴力団等排除宣言』を原案に、罰則規定を盛り込むことになった」（相撲担当記者）

これで一件落着の予定だった。ところが、翌年（11年）2月に野球賭博事件の裏付け捜査のために解析していた力士たちの携帯電話のメール履歴から、八百長相撲疑惑が発覚した。これによって事態は別の方向に向かうことになったが、相撲協会は一連の不祥事を重く見て春場所を中止に。続く夏場所を技量審査場所としたものの、名古屋場所は〝禊《みそぎ》〟が終わったとして通常場所として開催することになった。

祝儀を包んでくれる人がタニマチ

名古屋場所が通常開催となり、表面上は終結したかに見えたが、「水面下では翌年（12年）1月に行われる理事選を睨んで暴力団との関係を暴露する情報戦が繰り返された」（前出・若手親方）

当時、理事長から理事に降格し、次の理事選で理事長への返り咲きが噂されていた北の湖親方（当時＝元横綱、故人）だが、名古屋場所の部屋の打ち上げパーティに暴力団関係者が出席していたとのタレ込みが協会にあった。協会では緊急理事会を開いて事実関係を審議したが、暴力団関係者の出席はなかったことで不問に付された。

貴乃花親方（当時＝元横綱）もターゲットになったひとり。新弟子の勧誘に訪れた愛媛県で暴力団関係者と同席していたと朝日新聞に報じられ、都内にある部屋の土地・建物が後援者の不動産会社に売却されていたことも発覚。さらにその不動産会社と暴力団との関係を疑うような情報が流れ、警察が貴乃花部屋と不動産業者のカネの流れを調べているという報道まであった。

結局、事実無根だったが、明らかに協会内部を出処とする理事選への影響を狙った謀略情報のひとつだった。

相撲協会の屋台骨が揺らぐような一連の騒動を経ても、角界と暴力団の関係はそれまでと何ひとつ変わることはなかった。

「たしかに暴力団関係者と表立った付き合いはなくなったが、これまで世話になった恩を忘れて急に関係を切ることなどできない。これが力士や親方たちの本音だった。八百長騒動のあった2011年秋に都内のホテルで行われた元小結・豊ノ島の結婚披露宴には後援者など600人以上の関係者が集まったが、暴力団関係者が出席している可能性があるとして会場には目つきの鋭い私服警官が巡回するなど、場内は異様な空気が流れていた。

角界では、祝儀を包んでくれる人がタニマチ。誰でもよく、たとえ暴力団であろうがお構いなし。各部屋の激励会や打ち上げなどの集金パーティは立食で行われるため、とにかく詰め込む。後援会関係者に頼んで動員するのが一般的で、部屋としては誰が出席しているかもわからない。そのため暴力団が紛れ込むこともも可能だし、これを逆手に取って敵対する部屋のパーティに暴力団を送り込むこともできる。当時は警戒のあ

まり理事選までパーティ類は一切行わず、内輪だけで済ませるケースもあった」（前出・相撲担当記者）

「興業の時にさんざん世話に」

大相撲の興行が定期的に行われるようになったのは、江戸時代の宝暦年間（1751〜1764年）だとされる。江戸時代には諸国の大名が経済的に支援していたが、明治時代になると一門ごとに地方巡業へ出て生計を立てるようになった。ここが角界と暴力団との関わりの原点でもある。

「巡業の開催場所や宿泊先の確保には地元有力者の協力が不可欠だった。そのうえ当時の地方巡業は雨天中止のリスクがあった。そんな地方巡業を買い取る勧進元になれたのは地方のヤクザ（暴力団）の親分ぐらい。巡業先での力士のトラブルの仲裁役も勧進元のヤクザが担い、ヤクザも人気力士と飲み歩くことで地元での評判を高めていった。このようにヤクザが地方巡業に絡む巡業は1950年代まで続いた」（相撲ジャーナリスト）

相撲協会は税金面で優遇されているうえ、親方たちは〝ごっつぁん体質〟で〝どんぶり勘定〟。ここにつけ込もうとしたのが暴力団だった。この構図が腐れ縁となっていく。

「第32代横綱・玉錦（元二所ノ関親方、故人）が二代目山口組の山口登組長と義兄弟の盃を交わしていたのは有名な話です。ほかにも中京地区のヤクザ幹部と兄弟分の盃の真似ごとをした元横綱もいる。地方巡業だけでなく、地方場所もヤクザとの関係なくして成功できない時代もあった」（同前）

71年、角界と暴力団の関係が問題となる大関の行動があった。

九州場所前に大関・大麒麟（元押尾川親方、故人）が拘留中の暴力団幹部に面会していたことが場所中に発覚したのだった。大麒麟は「昔からの知り合いを見舞って何が悪い」と居直ったが、文部省（当時）から厳重注意の警告を受けた。

「地方場所では暴力団が右翼団体の名前で懸賞を何本

も出し、幟《のぼり》にも暴力団幹部の名前が染め抜かれていた時代だった。大麒麟事件で文部省が絡んできたことで、相撲協会も〝暴力団排除〟のポーズを取らざるを得なかった。すると暴力団が〝苦しい時は助けてやったのに……。これまで貢献したカネを返せ〟と協会に怒鳴り込む騒動に発展した。暴力団の主張が真っ当だという意見も多く、協会はそれ以上の思い切った行動に出られず、切り捨てたくても切れなかった。その後も暴力団幹部と賭け麻雀をして現行犯逮捕された親方もいたし、人気横綱の結婚披露宴に暴力団関係者が出席して問題になったこともある。その腐れ縁はいまだに続いている」（当時のタニマチ）

元親方によれば、当時の師匠会（部屋を持つ親方で構成）でこんなやり取りがあったという。当時の春日野理事長（元横綱・栃錦、故人）が、

「暴力団と付き合うな」

と言ったところ、先代の井筒親方（元関脇・鶴ケ嶺、故人）が手を挙げて、「興業の時にさんざん世話になっているのに、急に切れといわれても難しい。徐々に切っていくしかないでしょう」と反論。

春日野理事長は、

「警察がうるさいからとりあえず切ってくれ」

と言ったものの、あとは梨のつぶてだったという。理事長部屋ですら、暴力団の関与なしでは部屋の運営ができなかった時代だといわれている。

「暴力団排除」で巡業は大赤字

1995年、当時の出羽海理事長（元横綱・佐田の山、故人）が、地方巡業をそれまでの勧進元への売り興行から相撲協会の自主興行に変更した。いわゆる「巡業改革」と呼ばれるもので、暴力団から地方巡業を切り離すことが最大の目的だった。

「当時の親方衆はすぐに元の巡業形式に戻ると予想していた。八百長撲滅を目指したが八百長がなくならなかったのと同様、暴力団との関係もそう簡単にはなくならないと見られていた」（前出・元親方）

実際、巡業改革で暴力団は一掃され、問題は解決し

たかのように見えたが、2002年に北の湖理事長が誕生すると再び勧進元形式に戻った。巡業の入りが悪かったのだ。

「本場所ならまだしも、興行である地方巡業では暴力団との関係を断ち切ることなどできなかった。勧進元はチケット販売や警備面で暴力団関係者の協力がなければ巡業が成功しないという現実に直面した。巡業をやるからには利益を出したい。そのため協会の自主開催興行でありながら、チケット販売で地元暴力団関係に頭を下げることもあった。

おまけに地元暴力団の縄張り問題を避けるため、会場も公営の大きな施設に限るようにしたことも逆風となった。そのため立ち見どころか座席が埋まるだけのチケット販売もできなかった。暴力団との関係を断ったことで余った当日券をダフ屋に流すこともできず、協会が自主運営にした巡業はどこも大赤字となった。

巡業地の繁華街でも異変が起きた。力士が暴力団員に絡まれるなど、暴力団を敵に回したことで土俵外のトラブルが急増。力士からも〝昔は巡業先で暴力団幹部に宴席を設けてもらった〟〝昔の巡業はオンナに不自由しなかった〟と不満の声が上がった。排除したことで暴力団の価値を再認識することになった」（前出・元親方）

もちろん巡業そのものは暴力団排除を謳っているし、正面入口には防犯カメラを設置し、警察官も立っている。しかし、通用門ではいまだに暴力団関係者の木戸御免がまかり通っているのが現実である。

力士が一番喜ぶのはカネとオンナ

たしかに巡業の勧進元から暴力団関係者は排除されていったが、その裏で部屋や力士個人の後援者として今でも暴力団関係者が奥深く食い込んでいる。

親方や力士たちの〝ごっつぁん体質〟と〝どんぶり勘定〟が解消されない限り、断ち切るのが厳しいというのが角界関係者の共通した認識だ。

都内に新しく部屋を建てたある親方の場合、暴力団と密接な産廃業者が古い建物の解体から建築までグループ企業で格安に請け負い、建築費の一部を負担したといわれている。

「協会幹部に食い込めば、相撲協会の利権にあやかることもできる。国技館の年間修繕費だけで3億円が動き、地方場所でも億単位の事業となる。そのため暴力団幹部が2年に1回行われる理事選の裏工作資金を提供することもあるそうです。

弱小部屋でも有力力士がひとり入門すれば状況が一変する。有望な新人は喉から手が出るほど欲しい。そのため暴力団関係者の紹介とわかっていても、黙って受け入れる。力士の入門から関与されれば、その関係を断ち切ることなどできない。その力士の後援会の立ち上げにも関与するし、部屋の支援もしてくれるようになる」（前出・若手親方）

◉巡業改革を行った出羽海理事長（元横綱・佐田の山）

力士が一番喜ぶのはカネとオンナ。そういう弱みに付け込むのも暴力団の常套手段である。もちろん祝儀も渡すが、カネを喜ぶのは幕下以下の力士。給料や懸賞金を手にすることができる関取はオンナをあてがわれることを一番喜ぶという。

「親方や力士が暴力団関係者に（女性の）手配を直接頼むこともあるが、多くの場合はタニマチを通じて暴力団関係者が経営する飲食店を利用する。もちろんこういった情報は関係者に筒抜け。スキャンダルの原因や恐喝のネタになることも少なくない。地方へ行けば裏の世界も狭くなり、繁華街の店はどこかでつながっているためだ」（前出・当時のタニマチ）

角界の生存競争の厳しさも暴力団との関係を強める要素となっている。十両以上の関取まで出世し、引退後は親方として角界に残ることができるのは入門者の1～2割。残りは5～10年で辞めていくが、その元力士の一部は闇金や中古車販売、飲食店といった暴力団関係のフロント企業の従業員や用心棒として落ち着くことになる。

「この図式が角界に野球賭博が蔓延した理由でもあるが、10年経った今も状況はまったく改善されていない。元力士ということで部屋や支度部屋に出入りし、暴力団幹部もそのツテを頼って親方や関取に近づいていく。祝儀を包めば警戒心はゆるむし、宴席に呼べば関係はさらに深まる。暴対法で暴力団が水面下に消えたのと同様、タニマチも暴力団と一般人の区別がつきづらくなっている」（元力士）

相撲界にもある〝闇営業〟

もちろん好角家の暴力団関係者もいる。純粋に相撲を楽しむことも少なくないが、普段出入りしている飲食店に連れていくことで店への信用もできるし、商談相手との宴席に横綱や大関、あるいは大横綱だった親方が顔を出すだけで相手の信用を簡単に得ることができる。

末端の力士は野球賭博などで食い物にし、親方や関取はその社会的信用を利用する──。これが暴力団の手口。そういった危うい関係者ほど、野菜や肉、調味料といった細かい面に気を遣って差し入れしてくれるのだという。

「巡業を取り仕切っていたのが暴力団関係者ということで、相撲界と暴力団は簡単に断ち切ることができない関係になってしまった。朝青龍が揉め事を起こしたとき、暴力団関係者の世話になったといわれているが、最近は少し状況が変わってきたようだ。地元の暴力団関係者が巡業先でのトラブルをなくすように陰で動くということもあるが、今はシノギで利用するというより遊び仲間として盛り場の案内役として関係を保とうとしている。暴力団は地下組織として半グレを構成しており、屈強な若者の元力士たちを予備軍として活用したいという考えがあるからだ」（暴力団に詳しいジャ

◉琴光喜は角界引退後、名古屋で焼肉店をオープン。店名は「やみつき」

ーナリスト）

相撲界でも闇営業はある。「慣習というか本業というか、力士は〝男芸者〟と呼ばれているが、この世界では当たり前」（相撲協会関係者）だという。

「カネをくれる人は誰でもタニマチ。どんな職業の人物かは関係ない。あとで知ってマジでヤバイと思うこともあるが、タニマチの飲み会に顔を出すだけで祝儀がもらえる。力士にとってこれがもっともポピュラーな副収入となっている。もちろん領収書の要らない現金。昔は現役の横綱ならコンニャク1枚（100万円）が相場だったが、今は30万円くらい。それでも、タダで飯が食えて、金までもらえるのだから、行かない理由はない。人気力士が参加すれば向こうの顔も立つし、ウィンウィンの関係です」（前出・若手親方）

力士の手形も祝儀に化ける。この場合、国技館で販売されている印刷物ではなく、直筆サイン入りの生手形。懸賞金や協会から配られる大入り袋も15日間並べて額縁などに入れることでカネになる。

「なかには落款印が押された限定の手形を渡したり、1枚の和紙に人気力士4～5人の手形を押した特製手形で祝儀にするケースもある」（同前）

2010年に「暴力団等排除宣言」を打ち出し、定期的に相撲協会は反社会的勢力排除のための講習会を開催している。宴会に誘われたときの断り方などを指導しているが、力士や親方たちの脇の甘さと反社会的勢力との関係は今も昔もまったく変わっていない。

ヤクザと芸能界

▼大相撲野球賭博事件「主人公」の告白

豪栄道、勢を輩出した名門アマチュア相撲道場創設者の父は「ヤクザ組長」

大関や幕内力士を輩出した大阪の名門アマチュア相撲道場。主宰者は、ヤクザの世界に身を置きながらも弟子の育成に情熱を傾けた「2つの顔」を持つ人物だった。2010年に角界を揺るがせた大相撲賭博事件の主人公、古市満朝氏が「古市道場」を創設した父について語った。

文＝古市満朝 元幕下力士

反社会的勢力と芸能人の関係が、世間の話題を集めている。ヤクザや半グレと呼ばれる人間たちと少しでも接点を持てば、著名人が社会から抹殺されても仕方がないということらしい。

私の考えを言わせてもらうならば、それは極端すぎる考え方だ。なぜなら、少なくともつい最近まで、芸能界やスポーツ界は、今で言う「反社会的勢力」と密接な繋がりを持っていた。もし、過去にさかのぼって「黒い交際」を追及すればどういうことになるか。ある程度上の世代の方々ならば、「コンプライアンス」を叫び出すある種の偽善に気がついていると思う。

ヤクザと相撲界の関係について、自分自身の体験を語ってみたい。

私はかつて、押尾川部屋に所属した幕下力士だった。初土俵は昭和63（1988）年春場所。あの若貴兄弟や曙、魁皇らとは同期で、「花のロクサン組」と呼ばれた。

現役を引退後、私は2010年に発覚した大相撲野球賭博事件に関与したとして逮捕され、有罪判決を受けた。その後、亡き父が創設した大阪のアマチュア相撲道場「古市道場」を引き継いでいる。

正直、今でも事件のことを知る人々からは、色眼鏡で見られることがある。だがその一方で、自分の思いを理解してくれ、すべてを知ったうえで大切な子どもを道場に預けてくれる親御さんもいる。

私自身、短期間ではあるが、かつて暴力団員として活動していた時期があった。事件のことも含め、過去を消すことはできないし、隠すつもりもない。ただ、暴力団に身を置いた過去があったり、そうした人間に接点があったという理由だけで、自動的に社会から排除し、抹殺するのは間違っているということを、私は述べたいと思う。

■

私の父である古市盛人は、アマチュア、プロを通じ相撲界で知らない人間はいない指導者だった。

大阪・交野市で「古市道場」を主催し、これまで多くの教え子をプロの相撲部屋に送り込んできた。私自身、古市道場の1号生として押尾川部屋に入門したし、大関・豪栄道（境川部屋）や元関脇の勢（伊勢ノ海部屋）も、父の教え子だ。小学生の頃から彼らを知っている私からすれば、いまだに豪栄道は本名の「豪太郎」、勢は「翔太」のイメージでしかない。

父は少なくともある時期まで、ヤクザの組長という肩書きを持っていた。その一方で、父は「伝説のアマチュア相撲道場」を主宰した指導者でもあり、国や相撲界から数々の表彰も受けた功労者でもあるのだ。

この事実を人はどう評価するのだろうか。父は、シノギで得た収入を道場の運営に使い、この道場を守ってきた。ただし、少なくとも、道場で稽古に明け暮れていた私たちやその父兄は、「ここはヤクザが運営する道場だ」などという意識はなく、もちろん父も土俵の中にややこしい問題を持ち込むことは一切なかった。

人間には誰しも、いくつもの「顔」があると私は思っている。

高貴な家柄の紳士にも邪悪な心は潜んでいるし、社会の底辺に生きるヤクザでも、尊い信念を持つことはできる。私はそのことを、父の背中から学んだ。

きっかけは違法賭博

1972年5月30日、私は父・古市盛人、母・米子の長男として大阪・浪速区に生まれた。

鹿児島県始良《あいら》郡に生まれた父の職業はヤクザだった。15歳のとき、集団就職で大阪へ出てくると、大阪の中央卸売市場で働きつつ、俳優を目指して芸能プロダクションに所属。しかし喧嘩っ早い性格が災いし、有力なプロデューサーとケンカして芸能界で生きる道を断念してしまう。

当時の中央卸売市場というのは、警察の手も届かない「治外法権」エリアだった。

複雑に入り組んだ構内と独特の人間関係。刃物もあれば危ない道具もある。もともと気性が荒い人間が集まっている関係で、賭け事は日常茶飯事だ。

競馬や競艇のいわゆる「ノミ」を手がけるようになった父は、いつしか市場内で頭角を現し、若い衆が集まってひとつのグループを形成するようになった。

◉昭和 40 年代の大阪中央卸売市場

これに目をつけたのが、山口組系心腹会の泉連合という組織だった。

当時、山口組きってのイケイケ組織といわれていた泉連合の泉半次郎に誘われ、同連合の傘下に入ったオヤジは、枚方と千日前に当時はまだ珍しかったルーレット店を開き、抜群のシノギを誇っていた。

幼少期の私にも、当時の記憶は残っている。

通天閣の近くにあった南海ビルの一室で家族は暮らしていたが、家族ではない若い男たちがやたらと家に出入りしていたし、枚方のルーレット店にも何度か連れて行ってもらった記憶がある。

まだ小さな子どもだった私は、それが違法なバクチであることなど知る由もなかったが、その後、家でちょっとした火事が起きたこともあって、私たち一家は交野市の私市《きさいち》山手《やまて》に引っ越すことになった。

押尾川親方との奇縁

父は勝負事全般、とくに相撲が好きだった。私がオヤジの指導のもと、家の近くの公園で四股を踏むようになったのは小学校に上がった頃からだったと思う。

父の郷里である鹿児島県姶良郡は、井筒親方(元関脇・逆鉾)や鐵山親方(元関脇・寺尾)の父として知られる先代・井筒親方(元関脇・鶴ヶ嶺)の出身地でもあり、オヤジは大阪場所になると、近くの井筒部屋の宿舎に行って親方と楽しげに会話していた。

私は中学を卒業後、元大関・大麒麟の押尾川部屋に入門することになるのだが、オヤジと押尾川親方の関係も、きっかけは枚方のルーレット場だった。

ある日、地元の土建屋の社長がルーレット場に遊びに来た。一見さんだったため、ディーラーが社長にそれとなく話を聞き出していると、社長の息子が押尾川部屋に入り「淀響」という四股名で相撲を取っていることがわかった。

ディーラーから話を聞き興味を持ったオヤジは、社長を通じて押尾川親方と親しくするようになり、私が中学に上がる頃には「将来、息子を頼みます」という関係になっていたのである。

自分自身は本格的な相撲経験がない父ではあったが、何より相撲道場に必要な、いい意味での「怖さ」や「厳しさ」がオヤジにはあった。それはヤクザ社会で培った「常識」と「美意識」が多分に影響していたように思う。

オヤジが交野市に土俵を設置し「古市道場」をスタートさせたのは、私が小学校5年生のときだった。5年生ですでに160センチ、90キロあった私は、この道場の「入門第1号生」となった。

父は確かにヤクザだったが、指を落としていたわけでもないし、体に刺青を入れていたわけでもない。道場では、ヤクザであることを一切出さなかったので、実際にそういう「裏の顔」を知らない人も多かったと思う。

父がそうした稼業から身を引いたのはいつだったのか、はっきりと聞いたことはない。ただ、少なくとも私が中学を卒業してプロ入りするときまで、父が「現役」だったことは確かだ。

独自トレーニングと鉄拳指導

小学校時代の私はすでにグレていた。

いや、自分では単に好きなようにふるまっていたつもりだったが、世間が言うところの「問題児」だったことは間違いない。

とはいっても、学校に行かなかったわけではない。むしろ学校には必ず行った。なぜなら、父が怖かったので1秒でも早く、父の目が届かない学校に避難した

◉交野市の古市道場。現在は改装され外壁が新しくなっている

かったからだ。

もともと父は、私が地元の小学校を卒業したら東京の中学に通わせ、押尾川親方に預けることも考えていたらしい。

しかし、結果的にそのプランは実現しなかった。想像以上に成長した私は、古市道場のエースになっていたため、対外的な相撲大会のメンバーを確保する意味でも手元に置いておきたいと考えるようになったのだろう。

実際、小学生時代の私は、ほとんど無敵の状態だった。オヤジの指導法はまったく独自に考案されたもので、基礎運動の継続、積み重ねを重視し、鉄棒やタイヤを利用した独自のトレーニング法がノルマとして課された。

タイヤを引くトレーニングなどは今、多くのアマチュア相撲の指導者たちが取り入れているのだが、これを全国に先駆けて導入していたのは父だったと思う。

学校が終われば、夜9時過ぎまで毎日6時間以上の猛稽古。月曜日は道場こそ休みだったが、私は柔道や水泳も習わされており、また対外試合も多かったので、1週間のうち、休養日というものは存在しなかった。

私にとって稽古は苦痛でもあったが、やはり強くなるという喜びも実感できたし、この道場の秩序を守り続けなければいけないという責任感もあった。

中学時代の私は、相撲に打ち込む一方、ますますワルの道を突き進んでいった。交野の中学校の先生方の間で、古市満朝の悪名は知れ渡っていた。

私に言うことを聞かせるために編み出された方法は、「オヤジに通報する」という単純なものだった。

悪さをしたり、相撲の稽古をサボっていると、警察や学校の教頭先生からオヤジに連絡が行く。すると父は木刀や竹刀を持って学校に乗り込み、先生が見ている前で容赦なく私をブッ叩いた。

そのうち、東大阪の学校に通う父兄の間でこんな噂が広まった。

「私市山手には〝正義のヤクザ〟がおる」

本物のヤクザだった父が正義のヒーローに祭り上げられるほど、私はワルだったことになる。

何度殴られたかわからないが、今でもよく覚えている修羅場が2回ある。

一度は相撲の稽古をサボったときだ。

私はその時、同級生と連れ立って、地元の田んぼで「ザリガニ取り」に熱中していた。水路に隠れている赤黒いアメリカザリガニを探していると、それまで一緒に騒いでいた友人らが急に静かになった。

「オイ、どないしたんや」

私が殺気を感じて後ろを振り返ったとき、ごついクラウンの窓を開けた父が、私をじっと見ていた。

私は身の危険を感じたが、足が硬直して動けない。父は恐怖で固まっている同級生たちを尻目に田んぼの中にいる私のところまで近づくと、いきなり頭をわしづかみにして、そのまま田んぼの泥の中に私の顔面を押し込んだ。

もう一度は、私がバイク13台を盗み、直結で乗れるようにしたのを友達に貸していたのが枚方警察署にバレたときだ。

このとき私は道場にいて四股を踏んでいた。しかし、木刀を持った父の姿がゆっくりと視界に入ってきたとき、私はこれから自分の身に何が起きるかを、だいたい覚悟した。

あのときはまず、立てなくなるほどボコボコに殴られ、そこからオヤジのクルマで枚方署に「出頭」させられた。

そこには私がバイクを盗んで貸した仲間が5、6人いた。そいつらがみな私の名前を警察にチンコロしたというわけだ。ちなみに私の「報復」を恐れた奴らは翌日、全員学校を休んでいた。

本来なら家庭裁判所送りになるレベルの話だったはずだが、父が警察と話をつけて、なんとか大事にならずにすんだと記憶している。

反社会的勢力より怖いもの

確かに恐ろしい父だった。しかし、そこに愛情があったのは確かだ。叱るときには全力で叱ってくれ、いつも正面から私と向き合ってくれた。

私だけじゃない。道場に来ていたほかの子も、父に竹刀で殴られることがあった。

父が怒るのは、勝負に負けたときじゃない。練習をサボったとき、礼儀を守らなかったとき、内容の悪い相撲を取ったときだ。

たとえばどんなに実力がある子だったとしても、練習態度が悪かったり、ルールが守れない子は、団体対抗戦で大将の扱いにはせず、2番手、3番手に据え置いて、本人にその意味を考えさせた。

道場の中には、古い看板が掲げられていた。

〈練習中はいかなる方も入場を禁止する〉

父は、自分の指導について信念を持っていた。稽古をしている間は誰も中に入れさせなかったし、声をかけることも許されなかった。もちろん、子どもの親がそれに異を唱えることはできない。

だが、その方針が間違いではなかったことは、古市道場が全国屈指の名門となり、多くの強豪を輩出した

◉厳しい指導から多くの力士たちが誕生した

ことによって証明されたと私は思っている。

もし、父がヤクザであることを理由に、指導者から排除される時代であったならば、いま活躍している何人かの有名力士たちが誕生することはなかったかもしれない。

時代が変われば、価値観も変わる。これまで許されてきたことが、許されなくなるということもあるだろう。だが少なくとも、ヤクザであったから、ヤクザと交際していたからという理由で、魔女狩りのように人間を追い詰めていくのがいいとは思えない。人間の中身や行動の意味を見ないで善悪を決めようとする考えのほうが、反社会的勢力よりよほど怖い。

おわりに

本編で取り上げた１９６０～70年代に製作された東映の一連のヤクザ映画。『日本侠客伝』『網走番外地』『仁義なき戦い』など、多数のヒット作を生み出したことは本文でも触れている。

考えてみると、「ヤクザ」という存在は、映画のほかにもテレビや小説、ノンフィクション作品などでも題材として取りあげられることが多い。

これが何を意味するのか。商業作品を前提とするならば、制作者や作家たちは、ヤクザというテーマは「市場がある」、つまり「売れる」と見込んでいるから取り上げるのである。事実、ヤクザをテーマにヒットし、シリーズ化された作品は少なくない。『極道の妻たち』たちというヒット映画シリーズがあった。この原作は家田荘子氏のノンフィクション作品である。

日本人はヤクザを心の底から嫌いではない。嫌悪していない。いや、むしろカルチャーとしての「ヤクザ」は大きな支持を得ていると言っていい。たとえ、それらの作品に触れる動機が「怖いもの見たさ」だったとしても、「興味がある」ということにかわりはないだろう。

暴排条例の全国施行以降、ヤクザは往時の勢いを完全に失った。変わって「半グレ」と呼ばれる街の不良グループが台頭している。「恩義を忘れない」「スジを通す」「厳格な上下関係」——。精神的にはヤクザに近いものがあるように思われる。

要は、アウトロー集団だ。

なぜ、アウトローに魅かれるのか、という考察をする必要があるかもしれないが、日本人には、「アウトロー的なるもの」「ヤクザ的なるもの」をどこかで許容する、必要悪とできる、気質があるのかもしれない。

世間が、〝黒い交際〟に寛容な気がするのは、気のせいだろうか。

別冊宝島編集部

◆参考文献

吉本興業刊『吉本興業百五年史』（吉本興業株式会社）
西岡研介著『襲撃　中田カウスの１０００日戦争』（朝日新聞出版）
竹本浩三著『吉本興業を創った男　笑売人　林正之助伝』（扶桑社）
増田晶文著『吉本興業の正体』（草思社）

別冊宝島
ヤクザと芸能界

2019年9月12日　第1刷発行

編者
鈴木智彦＋伊藤博敏＋常田 裕 ほか

発行人
蓮見清一

発行所
株式会社宝島社

〒102 - 8388 東京都千代田区一番町25番地
電話　（営業）03 - 3234 - 4621
（編集）03 - 3239 - 0646
https://tkj.jp

印刷・製本
日経印刷株式会社

Printed in Japan
ISBN 978-4-8002-9779-2